ZE KITCHEN GALERIE
LA CUISINE DE WILLIAM LEDEUIL

Directeur de collection : Claude Lebey
Directrice éditoriale : Laure Paoli

WILLIAM LEDEUIL

ZE KITCHEN GALERIE
LA CUISINE DE WILLIAM LEDEUIL

Textes de François-Régis Gaudry
Photographies d'Éric Laignel

INTRODUCTION

Est-ce ce fameux déjeuner en compagnie du vigneron André Ostertag, un jour de 1994, dans un petit restaurant vietnamien de Strasbourg, dont il garda intact le goût des bouillons gracieux et parsemés d'herbes fraîches ? Ou son coup de foudre amical pour Gabriel, le cuisinier de Nouvelle-Calédonie, un crapahuteur de première qui l'entraîna dans le quartier chinois de Paris pour l'initier aux secrets du curcuma frais et de la pâte de curry ? À moins que ce ne soit sa collectionnite aiguë de livres de recettes qui contamina sans tarder sa passion des nouveaux eldorados, du Vietnam à la Malaisie...

On a beau disséquer le feu sacré de William Ledeuil, on peine à trouver l'allumette. Peut-être n'y a-t-il pas eu un seul déclic, mais plutôt une infusion profonde et patiente, jusqu'à la révélation du premier voyage en Thaïlande. C'était à Bangkok, en 2002. Il en revient to-

talement « Asie-muté ». Et le virus se révèle incurable, au point de faire de cet homme plutôt casanier, quelques années plus tard, un fanatique de la péninsule indochinoise, un multirécidiviste de l'aller-retour au Japon... Et le plus dépaysant des grands chefs français.

À ses débuts, pourtant, il est classé un peu trop rapidement dans la catégorie des jeunes toques cool et branchées. Le clan des franchouillards voient en lui un énième avatar de la *world food*. Puis, à la faveur de quelques dîners étincelants, l'opinion gastronomique commence à se rendre compte qu'il se trame, derrière les vitres de son atelier, un canevas créatif d'une stimulante singularité. On connaît encore mal sa cuisine mais on comprend enfin ce qu'elle n'est pas : une *fusion food* de bluff et de saupoudrage, trompetant nems et sushis à tout et à rien, semant les épices au vent de la mode :

pas une seule, à part le poivre et quelques pistils de safran maniés avec prudence, n'entre dans ses recettes.

Le chef de Ze Kitchen Galerie s'invente un style, rien de moins. Un esperanto culinaire, une marmite de Babel, un bouillon de cultures. La citronnelle, le gingembre, le wasabi, entre autres rhizomes et herbes fraîches rapportés d'Asie du Sud-Est et du Japon, y composent une mélodie harmonieuse, flirtant avec les aigus du goût : fraîcheur, piquant, tonicité. Pourtant, le solfège est bien français. Ledeuil est élève de Guy Savoy, ses bases sont classiques. Son répertoire est excentré, mais pas excentrique. Frotter le bar à la mangue verte et au basilic thaï ou la pintade au galanga, d'accord. Mais à condition de trouver la note juste et de la jouer sur des produits irréprochables. Il suffit de jeter un œil aux arrivages du matin : bars de ligne et turbots sauvages raides de fraîcheur ; radis, carottes et petits pois de Joël Thiébaut, la star maraîchère d'Île-de-France ; cédrats main de bouddha et citrons caviar de Michel Bachès, le collectionneur d'agrumes, près de Perpignan ; navets kabu, potimarrons kabodjian et herbes insolites d'Asafumi Yamashita, l'orfèvre japonais du légume, implanté dans les Yvelines...

Dix ans plus tard, à la tête de ses deux restaurants, William Ledeuil est resplendissant. Il a gardé intactes sa ferveur de coloriste, sa patience d'artisan, et cette audace créatrice qu'on ne soupçonnait pas de prime abord chez ce chef réservé. Sans équivalent dans le paysage gastronomique, son répertoire d'ici et d'Asie a gagné son autonomie.

Le deuil du beurre, de la crème, de la farine, de la cuisine d'avant. Ledeuil de la citronnelle, des herbes fraîches, de la frugalité heureuse. La révolution tranquille.

PORTRAIT

Pour un peu, Bangkok et Tokyo lui sembleraient moins excentrées que le Centre, la région où il est né le 16 octobre 1964. Premiers pas à Bourges, enfance à Henrichemont, adolescence à Beaulieu-sur-Loire. Dans ce village du Loiret à la frontière du Berry, entre pierres blondes et campagne opulente, ses parents tiennent la plus belle boucherie. Papa à la découpe, maman à la caisse et le petit William en renfort. « *J'aidais le dimanche à la boutique et je passais mes vacances à l'abattoir. J'ai découpé mon premier mouton à 14 ans, j'ai appris à démonter et à débiter une carcasse entière, à mettre en forme un rôti de bœuf, à préparer une volaille, à rouler une tête de veau et même à la fignoler à la lame de rasoir. Il ne fallait pas qu'il reste un seul poil sur le museau, mon père était intransigeant sur la qualité.* »

À la maison, cela va sans dire, la viande s'invite à tous les menus. Mais c'est rarement de la côte de bœuf, du gigot d'agneau ou du ris de veau. Le haut du pavé est réservé à la clientèle, il faut se contenter des bas morceaux. L'occasion d'explorer les coins les plus reculés de la cartographie animale : onglet d'agneau, hampe de veau, jumeau de bœuf, sans compter les pièces les plus rares de la collection tripière... *« On mangeait de tout, sans tabou. Dans l'agneau, on cuisinait le foie, la cervelle, le cœur, les rognons blancs... Je raffolais aussi de la queue de veau : avant de partir au travail, mon père ou ma mère lançait sa cuisson en cocotte avec des carottes, des pommes de terre, des oignons nouveaux et tous les légumes que les paysans du coin nous apportaient contre un rôti de bœuf... Ça mijotait à petit feu toute la matinée, la viande était confite, on la dégustait avec les doigts. C'était un régal ! »*

Loin du billot paternel, William fait aussi son apprentissage du goût à l'école buissonnière. Le persil au parfum puissant du jardin familial, les mûres et les fraises des bois cueillies en bord de chemin, les cèpes et les girolles ramassés en forêt, les truites et les gardons pêchés en rivière... Et puis les courses effrénées à vélo, avec les copains, jusqu'à la ferme située à la sortie du village, pour remporter la première gorgée de lait bourru, encore tiède et mousseux. Devant le tableau noir, le lycéen met un peu moins la gomme. Des connaissances dans la tête mais un poil dans la main. De quoi manœuvrer sans se fouler vers un bac G, option « techniques commerciales ». Mais pas assez pour intégrer l'une des trois écoles hôtelières auxquelles il a postulé. Déception.

Quelques stages d'expertise-comptable plus tard, un BTS de gestion des entreprises entamé à Orléans, il tombe en arrêt devant un article du *Parisien* que son père lui a découpé (« Dans les coulisses de Ferrandi »). Cette école parisienne propose une formation de deux ans à la cuisine et à la gestion d'un restaurant. Il s'y voit déjà. Ce n'est pas trop y croire : il y entre peu après, en septembre 1984. Premier stage chez Guy Savoy, rue Duret, XVIe arrondissement. *« Le chef m'a affecté au garde-manger en me prévenant d'em-*

blée qu'il allait y avoir du boulot. Je m'y suis fait, j'ai commencé à découvrir des produits dont j'ignorais tout, comme le homard, la langoustine, la rhubarbe, le pois gourmand... Je prenais beaucoup de plaisir à travailler les légumes. » Le chef est content de lui. Il l'embauche pendant quelques mois comme commis, une place qu'il n'osait espérer.

Retour à la case Ferrandi. Il avance ses pions chez Alain Dutournier, chef du Carré des Feuillants, où il effectue un stage. Nouveau coup de poker : Guy Savoy le convoque un après-midi de décembre 1986. Il lui propose un poste dans le restaurant qu'il s'apprête à ouvrir au 18, rue Troyon, à deux pas de l'Étoile, à Paris. Et pas n'importe lequel : chef de partie. Un grade pareil chez le cuisinier du Dauphiné, qui est, à 33 ans, l'une des toques les plus en vue, ça ne se refuse pas. Quitte à abandonner à mi-parcours, contre l'avis de ses parents et du directeur de l'école, sa formation à Ferrandi. Ce nouveau défi vire au baptême du feu. « J'ai vécu un cauchemar. Je me retrouvais avec des gars qui avaient des CV en béton armé et je sentais que je manquais encore d'expérience. Le chef avait la pression de l'ouverture, j'étais sa cible préférée. Je me suis retrouvé à faire des vinaigrettes et des pommes Maxime. Je rentrais le soir chez moi et je pleurais. Et puis la situation a changé quand je suis passé au garde-manger. Les leçons de boucherie que m'a enseignées mon père m'ont sauvé et j'ai enfin réussi à me faire respecter. »

Sa passion pour la cuisine se fait dévorante. Pas un seul jour de congé sans tester une nouvelle table, arpenter les marchés parisiens, faire des essais sur les plaques électriques de son studio, engloutir la fameuse collection « Les Recettes originales de... » éditée chez Robert Laffont. « Je n'ai pas eu l'occasion d'apprendre aux côtés des chefs que j'admirais comme Guérard, Chapel, Maximin... Alors je me suis nourri de leurs livres, jusqu'à l'obsession. »

Après un service (assez peu) militaire à confectionner des sorbets au château d'Yquem pour les réceptions princières que Laurent Fabius, alors président de l'Assemblée nationale, donne sous les ors de l'Hôtel de Lassay, William Ledeuil fait son retour en Savoy. Le maître accroît son empire et son élève devient l'un de ses proches lieutenants. Chef du Bistrot de l'Étoile de la rue Troyon, puis chef et associé de celui de la rue Lauriston, Ledeuil ravitaille le Tout-Paris en veloutés de lentilles balafrés d'un trait d'huile de pistache, millefeuilles de betterave et avocat, langues d'agneau et girolles, gras double à la lyonnaise, saucisson brioché... Du néobourgeois monté au beurre, salué par la critique, servi sur moquette triple épaisseur et tarifé un Pascal (500 francs) pour deux personnes.

« Je n'ai pas eu l'occasion d'apprendre aux côtés des chefs que j'admirais comme Guérard, Chapel, Maximin... Alors je me suis nourri de leurs livres, jusqu'à l'obsession. »

Les Bouquinistes ouvrent en avril 1994, quai des Grands-Augustins. Aux encombrants les voilages et les banquettes en tissu, l'artiste peintre Daniel Humair plaque un œil contemporain sur les murs aux moulures accidentées, le designer Léopold Gest ébauche un mobilier gracile et William Ledeuil est à nouveau chef et associé de Savoy : *« Grâce à ce qui me restait de mes études de compta, j'ai appris à mener les deux bistrots de front. Mais le plus important, c'était de pousser le curseur dans la cuisine. »* Traduisez : une goutte d'huile d'arachide grillée sur le farci de radis noir et thon mariné, une pointe de gingembre frais sur le tartare de bar, un duo ciboule et curry sur la volaille grillée. Les premiers symptômes de l'émancipation.

2001, de l'eau a coulé sous le pont Neuf. C'est l'année de la rupture. Départ de chez Guy Savoy le 20 septembre 2001. Décès de sa maman le 21 juin. Ouverture de Ze Kitchen Galerie le 26 septembre. La première adresse de William Ledeuil. Une ancienne cantine de la RATP, mitoyenne des Bouquinistes, rue des Grands-

Augustins, convertie en loft arty par les coups de génie d'un Daniel Humair de belle humeur. Des toiles abstraites au format XXL, quelques sculptures imposantes, un pilier en béton repeint en arlequin, assorti aux huit couleurs vives du mobilier en métal et simili cuir, signé Léopold Gest, encore lui. Sur les tables, des sets en toile de chantier et des verres gobelets. Nouvel endroit branché ? Objection. Une décennie plus tard, l'endroit a traversé les modes sans prendre une ride. La première cuisine ouverte de Paris ? *« Il y en avait une à L'Alcazar. Moi, j'ai opté pour une cuisine-atelier, comme un bureau de contremaître. L'architecture est esthétique vue de la salle, mais c'était aussi une manière de soulager ma claustrophobie. Je voulais travailler à la lumière, devant la salle. Le client n'était plus un numéro de table. Je pouvais le voir réagir. »* La première plancha ? *« J'en avais déjà une aux Bouquinistes mais je l'ai vraiment revendiquée à Ze Kitchen. Cette plaque de cuisson légèrement inclinée permet d'évacuer les graisses des viandes et des poissons. Depuis, je ne supporte plus l'odeur d'une pièce de bœuf grillée dans le beurre ou d'un poisson cuit dans sa propre graisse. »* Autour de la plancha où tressautent les calamars et dorent les cabillauds, le tac-tac-tac des couteaux sur des rhizomes, des herbes, des tubercules, des agrumes, le pschiiitt des orecchiette au fond du wok, le glouglou des bouillons lumineux sur feu doux. William Ledeuil tente, invente, repousse les frontières de son univers culinaire. Son adjoint, Nicolas Houlbert, compagnon de route depuis l'ouverture, surveille l'ordonnancement de ce nouveau monde avec talent et énergie.

Si la reconnaissance se juge au noircissement du carnet de réservation, alors pas de doute, Ze Kitchen Galerie est bien l'adresse indispensable. Éditeurs du quartier, gourmets provinciaux, cuisiniers étrangers et critiques gastronomiques de toutes les générations comblent les quare-vingts couverts midi et soir, tout au long de l'année. William Ledeuil fait éclater son ta-

*« J'ai opté pour une cuisine-atelier,
comme un bureau de contremaître. »*

lent dans les festivals gastronomiques du monde entier – Lo Mejor de la Gastronomía au pays basque espagnol, cinq participations ! – et multiplie les voyages entre royaume de Siam et Empire du soleil levant. Le lundi 3 mars 2008, il reçoit ce qu'il n'avait jamais vraiment espéré : une étoile Michelin. *« La pire journée de ma vie ! Bien sûr, j'ai ressenti une énorme satisfaction pour mes équipes et pour moi, mais la veille, je rentrais de vacances et mon chef Nicolas partait à son tour. Entre les interviews de la presse, les coups de fil de félicitations et les réservations qui ont explosé, j'ai eu un peu de mal à gérer en cuisine... »*

2009, encore du neuf. À 161 mètres de son restaurant, au numéro 25 de la même rue, William rachète avec Cédric Maréchal, le directeur de Ze Kitchen Galerie, L'Espadon bleu, le bistrot chic de Jacques Cagna. Rappelle Daniel Humair qui le transforme en un splendide loft entaillé de couleurs primaires et traversé de tableaux géants. Place aux fourneaux Yariv Berrebi, un jeune chef israélien à la créativité débridée, et compose avec lui les « zors-d'œuvre », la grande nouveauté du lieu, des bouchées miniatures à partager en entrée. KGB ouvre le 1er septembre 2009. Une annexe ? La version bistrot du gastro ? Non, une simple Kitchen Galerie Bis. L'extension du domaine de Ledeuil. On le savait créateur ; on le découvre gestionnaire. S'ensuivent une consécration médiatique, un tsunami de réservations, et le titre de Meilleur chef de l'année 2010, décerné par Gault et Millau. Comme bien d'autres confrères, l'homme pourrait décoller. C'est mal connaître ce fils d'artisan, qui lâche, les pieds sur terre : *« Le plus dur commence... »*

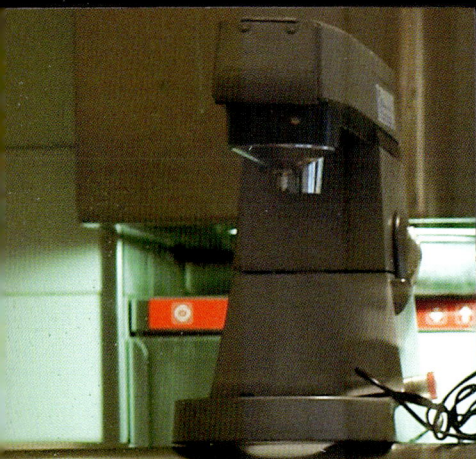

CROSTINIS DE TOMATES, CHORIZO, ENOKI ET MANCHEGO ◦ BAR MARINÉ, MANGUE VERTE, BASILIC THAÏ ET GINGEMBRE ◦ ASPERGES VERTES ET ŒUFS DE SAUMON, CONDIMENT POMME VERTE–CURCUMA ◦ FARCIS DE SAUMON ET DE RADIS, VINAIGRETTE PAPAYE ◦ BULOTS ET COUTEAUX, CONDIMENT CRESSON–WASABI ◦ MARMELADE DE TOMATES, CÈPES ET CORIANDRE ◦

ZORS-D'ŒUVRE

TARTARES DE CREVETTE–MANGUE VERTE ◦ SAINT-JACQUES RÔTIES ET HUÎTRES, CONDIMENT PERSIL–WASABI ◦ GASPACHO DE TOMATES CŒUR DE BŒUF À LA CITRONNELLE ◦ POULPE ET TOMATES DE COULEUR, CONDIMENT ROQUETTE ◦ AUBERGINES LAQUÉES, CONDIMENT ŒUF–MOSTARDA–SÉSAME ◦ SOUPE D'AVOCATS–POMME VERTE, SALADE DE CRABE ◦ COCKTAILS POMME VERTE, MANGUE ET CURCUMA ◦ SAUMON FUMÉ, CONDIMENT ASPERGES–GALANGA ◦ FARCIS DE SAINT-JACQUES ET DE CRABE, CONDIMENT CÉDRAT

ZORS-D'ŒUVRE

Plusieurs *brainstormings* à quelques semaines de l'ouverture du restaurant KGB, et toujours pas de vocable à inscrire sur la carte pour désigner ces assortiments de mets en modèles réduits que les clients partageront en entrée. « Tapas » ? Trop vu, trop connoté. Cédric Maréchal, l'associé, feuillette par hasard, dans la bibliothèque du bureau, le *Grand dictionnaire de Cuisine* d'Alexandre Dumas. À la lettre H : « On appelle hors-d'œuvre tous les plats qui, sans être suffisants pour constituer un repas substantiel, et qui cependant servis à part et dans des assiettes d'une forme particulière, complètent l'élégance d'un repas. » Ils chauffent, brûlent... Le nom est trouvé : les « zors-d'œuvre ». Un petit clin d'œil potache à Ze Kitchen Galerie... Sur les petits plateaux de bois servis en préambule du re-

pas, en revanche, pas de blague, mais des miniatures ciselées comme de petits bijoux chatoyants, à picorer à plusieurs. « *Nous les créons sur le vif, avec une vraie spontanéité créative, de manière à ce que le client découvre chaque jour une nouvelle palette visuelle et gustative.* » Quand l'esthétique du *bento* japonais croise la convivialité du plateau tournant chinois...

> « *Nous les créons sur le vif, avec une vraie spontanéité créative, de manière à ce que le client découvre chaque jour une nouvelle palette visuelle et gustative.* »

CROSTINIS DE TOMATES, CHORIZO, ENOKI ET MANCHEGO

Pour 6 personnes
Préparation : 35 min
Congélation : 45 min
Cuisson totale : 45 min

18 tranches très fines de chorizo
(de préférence ibérique)
80 g de manchego
1 paquet de champignons enoki (100 g)
2 brins de basilic thaï (feuilles)
Huile d'olive

Pour les crostinis
1 pain ciabatta (jeune fougasse
à l'huile d'olive)
2 gousses d'ail nouveau
4 cuil. à soupe d'huile d'olive

Pour la marmelade de tomates
750 g de tomates
2 gousses d'ail rose
1 oignon doux
50 g de gingembre frais
3 brins de coriandre
40 g de mostarda di Cremona
5 cl de vinaigre de riz
5 cuil. à soupe d'huile d'olive
Sel

LES CROSTINIS

- Placer le pain ciabatta pendant 45 min au congélateur pour le trancher plus facilement, puis le couper en fines tranches.
- Préchauffer le gril.
- Peler les gousses d'ail, les frotter sur les tranches de pain. Les badigeonner d'huile d'olive. Sur la plaque du four, les faire dorer de chaque côté sous le gril à 80 °C (th. 2-3).

LA MARMELADE DE TOMATES

- Enlever le pédoncule des tomates, les plonger 10 s dans de l'eau bouillante, puis les faire refroidir aussitôt dans de l'eau glacée. Les éplucher, les couper en deux et les épépiner. Réserver la peau et les pépins. Tailler la chair en dés. Mixer les peaux avec les pépins et filtrer.
- Peler l'ail, le gingembre et l'oignon. Les émincer finement ainsi que la coriandre. Dans une casserole, les faire suer avec l'huile d'olive. Ajouter le vinaigre de riz, la mostarda, les dés et le jus de tomate. Saler. Porter à ébullition, puis faire cuire à feu doux pendant environ 30 à 40 min. La marmelade doit être bien compotée et réduite. Laisser refroidir et ajouter la coriandre.

LA FINITION

- Tailler le manchego en fins copeaux. Réserver les petites feuilles de basilic thaï. Ciseler les grandes feuilles et les mélanger avec la marmelade de tomates. Couper la partie dure du pied des enoki. Répartir la marmelade sur les crostinis et disposer le chorizo, le manchego et les enoki. Parsemer de petites feuilles de basilic thaï et arroser d'un filet d'huile d'olive.

BON À SAVOIR
Pour les enoki, voir p. 28.

La mostarda di Cremona, disponible dans les épiceries italiennes, se présente sous forme de fruits confits dans un sirop de moutarde. À défaut, remplacez-la par 2 cuil. à soupe de miel liquide et 2 cuil. à soupe de moutarde forte.

VARIANTE
Vous pouvez remplacer le manchego par de la vieille mimolette, du vieux parmesan ou de la tomme corse.

BAR MARINÉ, MANGUE VERTE, BASILIC THAÏ ET GINGEMBRE

Pour 6 personnes
Préparation : 45 min
Marinade au frais : 20 min
Cuisson totale : 25 min

1 mangue verte
2 brins de basilic thaï (feuilles)
2 cuil. à soupe d'huile d'olive

Pour le bar
2 filets de bar sans la peau
de 200 g environ chacun
(de préférence un bar de ligne)
3 tiges de citronnelle
150 g de fleur de sel ou gros sel
de Guérande

Pour le gingembre mariné
150 g de gingembre frais
15 g de curcuma frais
10 cl de mirin
10 cl de vinaigre de riz
4 cuil. à soupe d'huile d'olive

- Éplucher la mangue, la couper en deux pour la dénoyauter, puis tailler la chair en fins filaments. Couper finement les feuilles de basilic thaï aux ciseaux. Dans un saladier, assaisonner la mangue verte avec l'huile d'olive et le basilic thaï.

LE BAR
- Enlever la première feuille et l'extrémité dures des tiges de citronnelle, les couper en deux dans la longueur, puis les émincer très finement et les mélanger avec la fleur de sel.
- Dans un plat, poser les filets de bar, côté arête, sur le mélange fleur de sel-citronnelle. Laisser mariner le bar au réfrigérateur pendant 20 min. Le rincer et le poser sur du papier absorbant.

LE GINGEMBRE MARINÉ
- Éplucher le gingembre et le curcuma. Émincer le gingembre en fines lamelles.
- Dans une casserole, verser le mirin et le vinaigre de riz, puis ajouter le gingembre. Porter à ébullition, puis faire cuire pendant 20 min à feu très doux. Égoutter le gingembre. Mixer le jus de cuisson du gingembre avec l'huile d'olive et le curcuma. Filtrer et réserver au réfrigérateur ce vinaigre de gingembre.

LA FINITION
- Tailler le bar dans la largeur en fines tranches de 2 ou 3 mm.
- Sur chaque assiette plate, dresser la mangue et disposer le bar. Sur le bar, disposer des lamelles de gingembre. Assaisonner avec le vinaigre de gingembre.

BON À SAVOIR
Laisser mariner le poisson sur le sel permet d'assaisonner le poisson à cœur et de raffermir la chair.

Le gingembre mariné peut se préparer en grande quantité, car il se conserve très bien.

Vous trouverez du basilic thaï au rayon frais des épiceries asiatiques.

VARIANTE
Vous pouvez préparer cette recette avec de la dorade, du saumon ou encore du thon, en veillant à choisir le poisson le plus frais possible.

ASPERGES VERTES ET ŒUFS DE SAUMON, CONDIMENT POMME VERTE-CURCUMA

Pour 6 personnes
Préparation : 30 min
Cuisson totale : 15 à 20 min

18 asperges vertes
1 tige de citronnelle
1 gousse d'ail
1 citron vert non traité
Quelques pluches d'aneth
2 cuil. à soupe d'huile d'olive
60 g d'œufs de saumon
Sel de céleri

Pour le condiment pomme verte-curcuma
30 cl de jus de pomme verte
5 cl de lait de coco
6 citrons (jus)
1 bulbe de curcuma
2 gousses d'ail (de préférence nouveau)
2 tiges de citronnelle
1/2 piment-oiseau

❧ Peler la gousse d'ail. Enlever la première feuille et l'extrémité dures de la tige de citronnelle, la couper en deux dans la longueur. À l'aide d'un couteau économe, éplucher les asperges vertes en enlevant bien les petits « picots ».
❧ Dans une sauteuse, faire cuire les asperges avec l'huile d'olive, l'ail et la citronnelle, à feu doux et à couvert, pendant environ 2 à 3 min. Elles doivent être tendres mais légèrement croquantes. Assaisonner avec le sel de céleri. Réserver les asperges au réfrigérateur pour qu'elles conservent leur belle couleur verte.

LE CONDIMENT POMME VERTE-CURCUMA

❧ Éplucher le curcuma et les gousses d'ail. Enlever la première feuille et l'extrémité dures des tiges de citronnelle, les couper en deux dans la longueur. Les émincer ainsi que le curcuma. Épépiner le 1/2 piment-oiseau.
❧ Dans une sauteuse, faire réduire d'un tiers les jus de pomme verte et de citron, avec l'ail, la citronnelle, le curcuma et le piment-oiseau. Incorporer le lait de coco. Reprendre l'ébullition et faire cuire pendant 2 à 3 min à feu doux. Mixer et filtrer. Laisser refroidir au réfrigérateur.

LA FINITION

❧ Répartir le condiment dans chaque assiette, puis disposer les asperges (coupées en deux dans la longueur, par exemple). Disposer les œufs de saumon et les pluches d'aneth, puis parsemer de quelques zestes fins de citron vert.

BON À SAVOIR
Vous pouvez acheter le curcuma frais en grande quantité, le peler, l'émincer et le congeler en petites portions.

Le condiment pomme verte-curcuma s'accorde parfaitement avec les crustacés. Si vous avez une centrifugeuse, faites vous-même votre jus de pomme verte.

VARIANTE
Pour le condiment, vous pouvez remplacer le jus de pomme verte par du jus de carotte.

TARAMA, CONDIMENT MANGUE-CURCUMA-CITRONNELLE

Pour 6 personnes
Préparation : 35 min

1 ou 2 pattes de crabe d'Alaska surgelées ou
120 g de chair de crabe ou de tourteau
3 radis ronds rouges ou 1 radis *red meat*
3 brins de coriandre chinoise
2 cuil. à soupe d'huile d'olive
Sel de céleri

Pour le tarama

200 g de tarama (de préférence blanc)
10 cl de lait
2 citrons (jus)
1 tige de citronnelle
Sel de céleri

Pour le condiment mangue-curcuma-citronnelle

1 mangue jaune (de préférence thaïe)
3 citrons (jus)
1 bulbe de curcuma frais
2 tiges de citronnelle
3 cuil. à soupe d'huile d'olive

◉ Décortiquer le crabe si nécessaire ou l'égoutter. Éplucher les radis. Émincer la coriandre. À l'aide d'une mandoline, tailler les radis en fines lamelles de 3 mm.
◉ Dans un saladier, assaisonner le crabe avec l'huile d'olive, la coriandre et le sel de céleri.

LE TARAMA

◉ Enlever la première feuille et l'extrémité dures de la tige de citronnelle, la couper en deux dans la longueur, puis l'émincer.
◉ Mixer le lait, le tarama, la citronnelle et le sel de céleri, puis ajouter le jus des citrons et mixer de nouveau. Filtrer et réserver au réfrigérateur.

LE CONDIMENT MANGUE-CURCUMA-CITRONNELLE

◉ Peler le curcuma. Enlever la première feuille et l'extrémité dures des tiges de citronnelle, les couper en deux dans la longueur, puis les émincer. Éplucher la mangue, la couper en deux pour la dénoyauter, puis tailler la chair en morceaux.
◉ Mixer la mangue avec le curcuma, la citronnelle et le jus des citrons. Ajouter l'huile d'olive, filtrer et réserver au réfrigérateur.

LA FINITION

◉ Dans chaque assiette creuse, verser le tarama. Disposer au centre le crabe et le recouvrir de lamelles de radis. Former quelques points de condiment autour du crabe.

BON À SAVOIR
Vous trouverez les grosses pattes de crabe surgelées chez votre poissonnier. La chair est délicieuse ; si possible, préférez-les à la chair de crabes déjà décortiqués.

Pour peler le curcuma, mettez des gants, car il tache beaucoup. Ce rhizome s'accorde à merveille avec la mangue.

VARIANTE
Vous pouvez remplacer le curcuma frais par 30 g de gingembre frais et 3 filaments de safran.

FARCIS DE SAUMON ET DE RADIS, VINAIGRETTE PAPAYE

Pour 6 personnes
Préparation : 40 min
Marinade au frais : 30 min

60 g d'œufs de saumon
100 g de pourpier
Quelques pluches d'aneth
1 cuil. à soupe d'huile d'olive

Pour le farci de saumon et de radis
1 pavé de saumon sans la peau de 300 g
1 radis noir
1 combawa ou 1 citron vert non traité (zeste)
1 citron (jus)
2 brins de basilic thaï (feuilles)
2 brins de coriandre thaïe
2 tiges de citronnelle
40 g de gingembre mariné (voir recette p. 19)
3 cuil. à soupe d'huile d'olive
150 g de fleur de sel ou gros sel de Guérande
Sel de céleri

Pour la vinaigrette papaye
80 g de papaye sucrée
2 citrons (jus)
3 cuil. à soupe de vinaigre de gingembre
mariné (voir recette p. 19)
4 cuil. à soupe d'huile d'olive

LE FARCI DE SAUMON ET DE RADIS

◉ Enlever la première feuille et l'extrémité dures des tiges de citronnelle, les couper en deux dans la longueur, puis les émincer très finement et les mélanger avec la fleur de sel. Couper les feuilles de basilic thaï aux ciseaux. Émincer finement la coriandre thaïe. Hacher le gingembre mariné.

◉ Dans un plat, poser le saumon sur le mélange fleur de sel citronnelle. Laisser mariner au réfrigérateur pendant 30 min. Rincer le saumon et le poser sur un papier absorbant.

◉ Couper le saumon en dés de 3 ou 4 mm, puis le mettre dans un saladier.

◉ Râper le combawa, puis le mélanger avec les herbes, le gingembre, le jus du citron, l'huile d'olive et le sel de céleri.

◉ Brosser le radis noir. À l'aide d'une mandoline, le tailler en fines tranches de 1 ou 2 mm.

◉ Sur un plat, répartir 6 tranches de radis noir. À l'aide d'un emporte-pièce de la taille des tranches de radis noir, dresser les tartares de saumon et les recouvrir d'une lamelle de radis noir. Réserver au réfrigérateur.

LA VINAIGRETTE PAPAYE

◉ Éplucher la papaye et la couper en morceaux. Les mixer avec le jus des citrons, l'huile d'olive et le vinaigre de gingembre mariné.

LA FINITION

◉ Sur chaque assiette, disposer les farcis, puis les œufs de saumon, le pourpier et les pluches d'aneth. Arroser d'huile d'olive et répartir le condiment papaye.

BON À SAVOIR
Il existe plusieurs variétés de radis de couleur, notamment les verts que vous trouverez dans les épiceries asiatiques. Vous pouvez créer un bel effet visuel en les associant.

Privilégiez le gingembre jeune (sa peau est claire, presque blanche), car il est beaucoup plus juteux et plus parfumé (voir photo p. 128).

VARIANTE
Pour le tartare, vous pouvez utiliser différents poissons crus, type dorade ou thon.

BULOTS ET COUTEAUX, CONDIMENT CRESSON-WASABI

Pour 6 personnes
Préparation : 1 h 15
Dégorgement : 1 h
Cuisson totale : 35 min

Pour les bulots et les couteaux
750 g de bulots crus
1 kg de couteaux
1/2 fenouil
2 champignons de Paris
1 carotte
2 gousses d'ail nouveau
2 tiges de citronnelle
4 cuil. à soupe d'huile d'olive
20 g de gros sel
1 cuil. à soupe de poivre noir

Pour le condiment cresson-wasabi
2 bottes de cresson
80 g de crème d'artichaut
30 g de pâte de wasabi
4 cuil. à soupe d'huile d'olive très fruitée
Sel de céleri

Pour la finition
2 brins de coriandre
2 cuil. à soupe d'huile d'olive
Fleurs d'herbes

LES BULOTS ET LES COUTEAUX

◉ Laisser dégorger les bulots et les couteaux pendant 1 h dans de l'eau froide avec du gros sel. Enlever la première feuille et l'extrémité dures d'une tige de citronnelle, puis la couper en deux dans la longueur. Éplucher les légumes et les couper en gros morceaux.

◉ Placer les bulots et les légumes dans un grand faitout, les recouvrir d'eau froide. Ajouter la citronnelle, le gros sel et le poivre. Porter à ébullition, puis faire cuire pendant 30 min à feu doux en écumant. Laisser refroidir les bulots dans le court-bouillon. Lorsque les couteaux ont dégorgé, bien les rincer, puis les arroser avec l'huile d'olive.

◉ Enlever la première feuille et l'extrémité dures de la seconde tige de citronnelle, puis la couper en deux dans la longueur et l'émincer. Peler et émincer les gousses d'ail.

◉ Dans un panier vapeur en bambou ou un cuit-vapeur, faire cuire les couteaux à la vapeur avec l'ail et la citronnelle pendant 1 min. Laisser refroidir. Décortiquer les bulots et les couteaux (couper les parties brunâtres). Réserver le jus de cuisson des bulots.

LE CONDIMENT CRESSON-WASABI

◉ Laver et effeuiller le cresson (enlever surtout les grosses tiges). Plonger le cresson dans un grand volume d'eau bouillante salée pendant 4 à 5 min, puis le faire refroidir aussitôt dans de l'eau glacée et l'égoutter sans le presser.

◉ Mixer tous les ingrédients avec 5 cl de jus de cuisson des bulots, puis filtrer.

LA FINITION

◉ Émincer finement la coriandre, la mélanger avec les bulots, les couteaux et l'huile d'olive. Placer sur chaque assiette 1 cuil. à soupe de condiment, disposer les bulots et les couteaux et parsemer de fleurs d'herbes.

BON À SAVOIR
Vous trouverez la crème d'artichaut dans les épiceries italiennes.

La pâte de wasabi s'achète dans les rayons asiatiques de nombreuses grandes surfaces. Si vous n'en trouvez qu'en poudre, il suffit d'en diluer 3 cuil. à café dans un peu d'eau.

MARMELADE DE TOMATES, CÈPES ET CORIANDRE

Pour 6 personnes
Préparation : 45 min
Cuisson totale : 45 min

Pour la marmelade de tomates
1,5 kg de tomates cœur de bœuf bien mûres
2 oignons doux
4 gousses d'ail nouveau
2 tiges de citronnelle
3 brins de coriandre chinoise
2 brins de basilic thaï (feuilles)
10 cl de vinaigre de riz
5 cl de mirin
5 cuil. à soupe d'huile d'olive
Sel

Pour les cèpes
6 cèpes de taille moyenne ou de taille bouchon
3 cuil. à soupe d'huile d'olive très fruitée
Fleur de sel

Pour la finition
100 g de roquette ou de mizuna
1 brin de basilic thaï (feuilles)
30 g de gingembre mariné (voir recette p. 19)
1 cuil. à soupe d'huile d'olive très fruitée

LA MARMELADE DE TOMATES

◉ Enlever le pédoncule des tomates et les plonger 10 s dans l'eau bouillante. Les faire refroidir dans de l'eau glacée. Éplucher les tomates, les couper en quatre et les épépiner. Tailler la chair en dés. Mixer les peaux avec les pépins et filtrer. Réserver au réfrigérateur. Peler les gousses d'ail et les oignons. Les émincer finement. Enlever la première feuille et l'extrémité dures des tiges de citronnelle, puis les couper en deux dans la longueur.

◉ Dans une grande casserole, faire chauffer l'huile d'olive et y faire suer les oignons, l'ail et la citronnelle pendant 2 à 3 min à feu doux et à couvert. Ajouter le vinaigre de riz, le mirin, les dés et le jus de tomate. Saler. Porter à ébullition et faire cuire à feu doux pendant environ 30 à 40 min. La marmelade doit être bien compotée et réduite. Laisser refroidir.

◉ Émincer finement la coriandre et les feuilles de basilic thaï. Les ajouter dans la marmelade. Bien mélanger. Réserver.

LES CÈPES

◉ À l'aide d'un petit couteau, nettoyer le pied des cèpes et les laver avec une éponge humide sous un filet d'eau froide, puis les sécher sur un papier absorbant.

◉ Préchauffer le gril.

◉ Couper finement les cèpes dans la longueur en lamelles de 2 mm, les arroser d'huile d'olive et assaisonner de fleur de sel.

◉ Sur la plaque du four, les faire tiédir sous le gril à 80 °C (th. 2-3) pendant environ 2 min.

LA FINITION

◉ Dans chaque assiette, dresser à l'aide d'un emporte-pièce la marmelade de tomates. Disposer les lamelles de gingembre et les tranches de cèpes. Couper les feuilles de basilic thaï aux ciseaux.

◉ Préparer la salade, l'assaisonner avec l'huile d'olive et le basilic thaï, puis la répartir sur les cèpes.

> **BON À SAVOIR**
> Le vinaigre de riz et le mirin (alcool de riz, sorte de « saké de la cuisine ») se trouvent dans les épiceries asiatiques. Assez doux, le vinaigre de riz peut être remplacé par un vinaigre de pomme ou de cidre.

> **VARIANTE**
> Vous pouvez remplacer les cèpes par des girolles poêlées ou des aubergines légèrement colorées à la poêle.

TARTARES DE CREVETTE-MANGUE VERTE

Pour 6 personnes
Préparation : 30 min
Cuisson totale : 10 min

Pour les tartares
18 crevettes ou gambas crues
2 mangues vertes
1 orange non traitée ou 1 kumquat (zeste)
2 brins de coriandre (feuilles)
2 brins de basilic (de préférence thaï)
(feuilles)
2 gousses d'ail
2 tiges de citronnelle
8 cuil. à soupe d'huile d'olive
Fleurs d'herbes
Sel de céleri

Pour le condiment
mangue-curcuma-citronnelle
Voir recette p. 22

⦿ Préparer le condiment mangue-curcuma-citronnelle (voir recette p. 22).

LES TARTARES
⦿ Décortiquer les crevettes et retirer le petit boyau noir.
⦿ Enlever la première feuille et l'extrémité dures des tiges de citronnelle, puis les couper en deux dans la longueur. Peler et couper en deux les gousses d'ail. Émincer grossièrement les feuilles de basilic thaï et de coriandre.
⦿ Dans une poêle, faire chauffer 2 cuil. à soupe d'huile d'olive et y faire suer l'ail et la citronnelle. Faire colorer rapidement les crevettes à feu vif sur chaque face pendant 2 à 3 min. Les retirer ensuite, puis les laisser refroidir sur une assiette.
⦿ Éplucher les mangues, tailler dans la longueur 12 belles lamelles, puis couper en petits dés le reste de la chair. Émincer finement les crevettes (comme la mangue).
⦿ Dans un saladier, mélanger délicatement les crevettes, les dés de mangue, les herbes, 4 cuil. à soupe d'huile d'olive et du sel de céleri.

LA FINITION
⦿ Sur chaque assiette, disposer 1 lamelle de mangue et répartir dessus le tartare. Râper des zestes d'orange ou de kumquat sur chaque tartare. Recouvrir des 6 dernières lamelles de mangue, puis à l'aide d'un pinceau, lustrer avec l'huile d'olive restante et parsemer de fleurs d'herbes. Servir avec le condiment.

BON À SAVOIR
Il existe deux types de variété de mangue (voir photo de la mangue verte p. 19) ; les deux conviennent pour cette recette. Vous les trouverez dans les épiceries asiatiques.

Préférez les gambas surgelées, de belle taille, provenant de Madagascar. Pour ces tartares, les crevettes (ou gambas) doivent être très légèrement colorées.

SAINT-JACQUES RÔTIES ET HUÎTRES, CONDIMENT PERSIL-WASABI

Pour 6 personnes
Préparation : 35 min
Cuisson totale : 10 min

6 noix de Saint-Jacques
6 huîtres spéciales n° 3
(de préférence de Marennes)

Pour le condiment persil-wasabi
3 cuil. à soupe de crème liquide
80 g de crème d'artichaut
3 bottes de persil plat
1 cuil. à soupe de raifort
10 g de pâte de wasabi
5 cuil. à soupe d'huile d'olive
Sel

Pour la finition
1 paquet de champignons enoki (100 g)
2 cuil. à soupe de feuilles de céleri
(de préférence chinois)
2 brins d'estragon (feuilles)
3 cuil. à soupe d'huile d'olive
Sel de céleri

LES NOIX DE SAINT-JACQUES ET LES HUÎTRES

- Rincer sous un filet d'eau les noix de Saint-Jacques et les égoutter sur une assiette recouverte de papier absorbant.
- Ouvrir les huîtres. Les décoquiller à l'aide d'une cuillère en décollant le nerf, sans les percer (elles doivent garder leur forme originelle et conserver leur eau). Récupérer l'eau qu'elles ont rejetée et les rincer en les passant 2 s dans un bol d'eau froide. Filtrer l'eau des huîtres. Réserver les huîtres dans cette eau.

LE CONDIMENT PERSIL-WASABI

- Effeuiller le persil, le faire cuire dans de l'eau bouillante salée pendant 4 à 5 min, puis le faire refroidir dans de l'eau glacée et l'égoutter sans le presser. Le mixer avec la crème d'artichaut, 7 cl d'eau et l'huile d'olive. Saler et filtrer.
- Dans une petite casserole, porter à ébullition l'eau filtrée des huîtres et la crème liquide. Mixer avec le raifort et le wasabi, puis filtrer et réserver au réfrigérateur.

LA FINITION

- Couper la partie dure du pied des enoki.
- Assaisonner les feuilles de céleri, l'estragon et les enoki avec le sel de céleri et 1 cuil. à soupe d'huile d'olive.
- Dans une poêle, faire dorer les noix de Saint-Jacques avec 2 cuil. à soupe d'huile d'olive pendant 1 min 30 à 2 min pour chaque face. Elles doivent rester translucides à l'intérieur.
- Sur chaque assiette tiède, répartir le condiment, puis disposer les noix de Saint-Jacques et la salade d'enoki-céleri. Arroser avec le jus de wasabi.

BON À SAVOIR

Les enoki (voir photo ci-dessus) sont des champignons japonais très longs, très fins et très blancs. Ils s'achètent au rayon légumes des épiceries asiatiques et ne se conservent que quelques jours au réfrigérateur. Ne les sortez pas de leur emballage avant utilisation pour éviter qu'ils ne sèchent.

Demandez à votre poissonnier de décortiquer les Saint-Jacques devant vous pour que les noix soient plus fermes.

Pour le wasabi et la crème d'artichaut, voir p. 24.

GASPACHO DE TOMATES CŒUR DE BŒUF À LA CITRONNELLE

Pour 6 personnes
Préparation : 25 min

Pour le gaspacho
600 g de tomates (de préférence cœur de bœuf)
2 tiges de citronnelle
6 cl de vinaigre de riz
6 cuil. à soupe d'huile d'olive
Sel de céleri

Pour la garniture
2 tomates de couleur (de préférence ananas, *green zebra*, noire de Crimée)
2 oignons rouges nouveaux ou 2 oignons blancs
3 brins de basilic thaï (feuilles)
2 cuil. à soupe d'huile d'olive
Sel de céleri

LE GASPACHO

- Enlever le pédoncule des tomates et les couper en quartiers. Enlever la première feuille et l'extrémité dures des tiges de citronnelle, les couper en deux dans la longueur et les émincer.
- Mixer les tomates avec la citronnelle, le vinaigre de riz, l'huile d'olive et le sel de céleri. Filtrer et réserver au réfrigérateur.

LA GARNITURE

- Enlever le pédoncule des tomates et les couper en gros dés. Couper les feuilles de basilic thaï aux ciseaux.
- Assaisonner les tomates avec l'huile d'olive, le basilic thaï et le sel de céleri.
- Couper la tige verte des oignons, puis émincer finement les tiges et couper les bulbes en quartiers fins.

LA FINITION

- Verser le gaspacho dans chaque assiette bien froide.
- Disposer les tomates de façon à mélanger les couleurs, puis parsemer de quartiers d'oignons et de tiges d'oignons émincées.

BON À SAVOIR

Utilisez les tomates uniquement en saison (de fin juin à fin septembre), elles en seront beaucoup plus goûteuses et charnues, et votre gaspacho sera plus onctueux. La couleur et la chair de la cœur de bœuf en font la tomate idéale pour le gaspacho.

Ce gaspacho est délicieux avec les crostinis (voir recette p. 18).

VARIANTE

Vous pouvez réaliser le gaspacho avec des tomates *green zerba* ou des tomates ananas.

POULPE ET TOMATES DE COULEUR, CONDIMENT ROQUETTE

Pour 6 personnes
Préparation : 20 min

Pour le poulpe
300 g de poulpe cuit
3 brins de coriandre chinoise
20 g de gingembre mariné (voir recette p. 19)
12 câpres à queue
1 zeste de citron confit
3 cuil. à soupe d'huile d'olive très fruitée

Pour les tomates de couleur
6 tomates cerises rouges
6 tomates cerises jaunes
6 tomates cerises orange
1 bon de basilic thaï (feuilles)
3 cuil. à soupe d'huile d'olive
Sel de céleri

Pour le condiment roquette
120 g de roquette
5 cuil. à soupe d'huile d'olive
Sel

LE POULPE

- Émincer finement les feuilles de basilic thaï.
- Hacher le zeste de citron confit. Couper les câpres en deux. Émincer finement la coriandre.
- Assaisonner le poulpe avec la coriandre, l'huile d'olive et le citron confit.

LES TOMATES DE COULEUR

- Couper toutes les tomates et les assaisonner avec l'huile d'olive, le sel de céleri et le basilic thaï.

LE CONDIMENT ROQUETTE

- Préparer la roquette, puis la mixer avec l'huile d'olive et 5 cuil. à soupe d'eau. Saler.

LA FINITION

- Sur chaque assiette, répartir le condiment roquette. Poser les morceaux de poulpe et disposer les tomates en alternant les couleurs. Répartir les câpres et les lamelles de gingembre sur le poulpe.

BON À SAVOIR

Les câpres à queue, disponibles dans les épiceries italiennes, sont délicieuses. Si vous n'en trouvez pas, utilisez des câpres fines au vinaigre.

Choisissez des poulpes de belle qualité, gros de préférence, car ils sont meilleurs. Si vous les achetez crus, faites-les cuire pendant 1 h à 1 h 30 au court-bouillon.

AUBERGINES LAQUÉES, CONDIMENT ŒUF-MOSTARDA-SÉSAME

Pour 6 personnes
Préparation : 30 min
Cuisson totale : 35 à 40 min

Pour les aubergines

6 aubergines longues et fines
3 gousses d'ail nouveau
30 g de gingembre frais
3 tiges de cive chinoise
2 tiges de citronnelle
2 cuil. à soupe de moutarde type Savora
1 cuil. à soupe de miel liquide
10 cl de sauce teriyaki
1 cuil. à soupe d'huile de sésame
Sel de céleri

Pour le condiment œuf-mostarda-sésame

3 jaunes d'œufs
100 g de mostarda di Cremona
3 citrons (jus)
1 tige de citronnelle
40 g de gelée de piment d'Espelette
1 cuil. à soupe d'huile de sésame

LES AUBERGINES

◉ Émincer finement les tiges de cive chinoise. Enlever la première feuille et l'extrémité dures des tiges de citronnelle, les couper en deux dans la longueur, puis les émincer. Peler les gousses d'ail et le gingembre, puis les émincer.

◉ Préparer le teriyaki : dans une casserole, mélanger la sauce teriyaki, l'ail, le gingembre, la citronnelle, la moutarde et le miel. Porter à ébullition, puis faire cuire à feu très doux pendant 10 min avec l'huile de sésame. Filtrer et réserver.

◉ Plonger les aubergines entières pendant 2 à 3 min dans la friteuse, puis les faire refroidir dans de l'eau glacée. Les égoutter, les piquer et bien les presser. Les couper en deux dans la longueur et les poser côté chair sur le papier absorbant.

LE CONDIMENT ŒUF-MOSTARDA-SÉSAME

◉ Enlever la première feuille et l'extrémité dures de la tige de citronnelle, la couper en deux dans la longueur.

◉ Mixer tous les ingrédients, puis filtrer.

LA FINITION

◉ Préchauffer le gril.

◉ Sur la plaque du four, disposer les aubergines, sur une feuille de papier sulfurisé, côté peau. À l'aide d'un pinceau, les badigeonner du teriyaki réservé et assaisonner avec le sel de céleri.

◉ Les placer sous le gril à 130 °C (th. 4-5) pendant 15 à 20 min en les badigeonnant régulièrement de teriyaki. Les retirer lorsqu'elles sont bien laquées.

◉ Dans des assiettes chaudes, dresser les aubergines et les napper de teriyaki. Parsemer de cive chinoise et servir avec le condiment.

> **BON À SAVOIR**
>
> Ce mode de cuisson des aubergines est parfait pour obtenir un caviar d'aubergines bien blanc et rapide à réaliser.
>
> Achetez les aubergines chez votre maraîcher en saison (de juillet à octobre). Préférez les variétés longues et très fines.

SOUPE D'AVOCATS-POMME VERTE, SALADE DE CRABE

Pour 6 personnes
Préparation : 20 min
Repos au frais : 20 min

Pour la soupe d'avocats
170 g de chair d'avocat (2 ou
3 avocats mûrs)
2 tiges de citronnelle
2 citrons (jus)
35 cl de jus de pomme verte

Pour la salade de crabe
1 ou 2 pattes de crabe d'Alaska surgelées
ou 120 g de chair de crabe
1 pomme verte granny-smith
3 brins de coriandre thaïe
3 brins de basilic thaï (feuilles)
1 citron (jus)
2 cuil. à soupe d'huile d'olive
Sel de céleri (facultatif)

LA SOUPE D'AVOCATS-POMME VERTE

- Enlever la première feuille et l'extrémité dures des tiges de citronnelle, les couper en deux dans la longueur, puis les émincer. Prélever la chair des avocats.
- Mixer la chair d'avocat avec la citronnelle, les jus de pomme verte et de citron. Filtrer, puis réserver au réfrigérateur.

LA SALADE DE CRABE

- Décortiquer et hacher la chair de crabe si nécessaire ou l'égoutter.
- Émincer finement la coriandre et couper finement les feuilles de basilic thaï aux ciseaux.
- Assaisonner le crabe avec la coriandre, le basilic thaï, l'huile d'olive et éventuellement le sel de céleri.

LA FINITION

- Dans chaque assiette creuse bien froide, répartir la soupe. Disposer la salade de crabe.
- À l'aide d'une mandoline, tailler la pomme verte en fines tranches de 2 à 3 mm, puis couper les tranches en bâtonnets. Arroser les bâtonnets de jus de citron pour qu'ils ne s'oxydent pas et ne noircissent pas, puis les disposer sur le crabe.

BON À SAVOIR
Pour le crabe, voir p. 22.

Si vous avez une centrifugeuse, faites vous-même votre jus de pomme verte.

La soupe d'avocats peut être préparée à l'avance et réservée au réfrigérateur. Choisissez des avocats mûrs, souples au toucher.

VARIANTE
Pour la salade, vous pouvez remplacer la pomme verte par de la mangue verte (voir photo p. 19).

COCHTAILS POMME VERTE, MANGUE ET CURCUMA

Pour 6 personnes
Préparation : 10 min
Repos au frais : 45 min

5 cl de jus de pomme verte
1 mangue jaune encore ferme
ou 1 mangue verte sucrée
4 citrons (jus)
2 tiges de citronnelle
1 bulbe de curcuma

- Éplucher la mangue, la couper en deux pour la dénoyauter, puis tailler la chair en morceaux.
- Peler le curcuma. Enlever la première feuille et l'extrémité dures des tiges de citronnelle, les couper en deux dans la longueur, puis les émincer.
- Mixer tous les ingrédients avec les jus de pomme verte et de citron. Filtrer en pressant fortement pour extraire tous les parfums. Réserver au réfrigérateur pendant 45 min, puis servir bien glacé.

BON À SAVOIR
Pour les mangues, voir p. 19.

Si vous faites le jus de pomme à la centrifugeuse, ajoutez immédiatement le jus des citrons pour que le jus garde sa belle couleur verte.

VARIANTE
Ce cocktail peut se décliner avec de nombreux fruits exotiques associés à la citronnelle, au curcuma ou au gingembre.

SAUMON FUMÉ, CONDIMENT ASPERGES-GALANGA

Pour 6 personnes
Préparation : 30 min
Cuisson totale : 10 à 15 min

360 g de saumon fumé non tranché
(de préférence le cœur)
12 pointes d'asperges vertes
2 cébettes
1 radis *green meat*
12 lamelles de gingembre mariné
(voir recette p. 19)
2 cuil. à soupe d'huile d'olive
Sel de céleri

Pour le condiment asperges-galanga
12 queues d'asperges vertes
150 g de roquette (de préférence sauvage
et choisir les grandes feuilles)
1 tige de citronnelle
1 bulbe de galanga (1 cm)
4 cuil. à soupe d'huile d'olive
Sel de céleri

- À l'aide d'un couteau économe, éplucher les asperges en enlevant les petits « picots ». Tailler les pointes à 3 cm et émincer les queues en morceaux de 3 ou 4 mm.
- Faire cuire les pointes d'asperges à feu doux et à couvert, pendant 2 à 3 min, avec l'huile d'olive et le sel de céleri. Elles doivent être tendres tout en restant croquantes. Réserver au réfrigérateur.

LE CONDIMENT ASPERGES-GALANGA
- Enlever la première feuille et l'extrémité dures de la tige de citronnelle, la couper en deux dans la longueur, puis l'émincer. Éplucher le galanga, puis l'émincer.
- Dans une sauteuse, faire chauffer 2 cuil. à soupe d'huile d'olive et y faire suer les queues d'asperges émincées et assaisonnées avec le sel de céleri. Faire cuire à couvert pendant environ 2 min, ajouter 5 cl d'eau et porter à ébullition. Mixer. Ajouter la roquette et l'huile d'olive restante, puis filtrer.
- Réserver le condiment dans un saladier et le plonger dans un récipient rempli d'eau glacée pour préserver sa couleur verte.

LA FINITION
- Éplucher les cébettes et les tailler en petits bâtonnets de 2 cm. Éplucher le radis *green meat* et, à l'aide d'une mandoline, le tailler en fines lamelles de 2 mm environ. Tailler finement le saumon en tranches de 5 mm d'épaisseur.
- Sur chaque assiette, disposer le saumon, puis le gingembre mariné, les pointes d'asperges, les bâtonnets de cébettes et les tranches de radis lustrées à l'huile d'olive. Servir avec le condiment.

BON À SAVOIR
Comme pour la citronnelle et le curcuma, je vous conseille d'acheter le galanga (voir photo ci-dessus) en grande quantité, de l'émincer et de le congeler en petites portions. Il vous sera très utile pour réaliser d'autres condiments ou pour rôtir des viandes.

Vous trouverez des radis *green meat* au rayon frais des épiceries asiatiques.

Cuites comme indiqué ci-dessus, les asperges sont plus goûteuses.

VARIANTE
Vous pouvez remplacer l'asperge verte par l'asperge blanche et le radis *green meat* par d'autres variétés de radis plus courantes.

FARCIS DE SAINT-JACQUES ET DE CRABE, CONDIMENT CÉDRAT

Pour 6 personnes
Préparation : 45 min
Congélation : 15 min

100 g de roquette (de préférence sauvage)
1 trévise longue ou 1 endive carmine
1 pied de pissenlit jaune
2 cuil. à soupe d'huile d'olive

Pour les farcis de Saint-Jacques et de crabe
12 noix de Saint-Jacques
1 ou 2 pattes de crabe d'Alaska surgelées ou
120 g de chair de crabe ou de tourteau
2 brins de basilic thaï (feuilles)
2 brins de coriandre chinoise
40 g de gingembre mariné (voir recette p. 19)
3 cuil. à soupe d'huile d'olive

Pour le condiment cédrat
1 cédrat ou 2 citrons niçois
2 citrons (jus)
50 g de gingembre mariné (voir recette p. 19)
3 cuil. à soupe d'huile d'olive

LES FARCIS DE SAINT-JACQUES ET DE CRABE

- Rincer sous un filet d'eau les noix de Saint-Jacques, les égoutter sur une assiette recouverte de papier absorbant et les placer au congélateur pendant 15 min. Décortiquer la chair de crabe si nécessaire ou l'égoutter.
- Couper les feuilles de basilic thaï aux ciseaux et émincer finement la coriandre. Hacher le gingembre mariné.
- Assaisonner la chair de crabe avec les herbes, le gingembre et l'huile d'olive.
- Couper chaque noix de Saint-Jacques en 3 lamelles.
- Tendre une feuille de film étirable sur une grande assiette, y placer 12 lamelles de noix de Saint-Jacques, déposer la salade de crabe sur chaque lamelle, puis recouvrir de 1 lamelle de noix de Saint-Jacques. Renouveler l'opération en terminant par la Saint-Jacques. Filmer et réserver au réfrigérateur.

LE CONDIMENT CÉDRAT

- Couper le cédrat en deux, puis, à l'aide d'une mandoline, le tailler en fines lamelles, puis les recouper en tout petits morceaux. Couper très finement le gingembre mariné.
- Dans un bol, mélanger le cédrat et le gingembre mariné avec le jus des citrons et l'huile d'olive. Réserver au réfrigérateur.

LA FINITION

- Préparer les salades (roquette, trévise, pissenlit), puis couper les feuilles de trévise en deux dans la longueur.
- Sur chaque assiette, poser les farcis et les napper de 1 cuil. à café de condiment. Disposer les différentes salades de couleur à côté des farcis, arroser d'huile d'olive, puis ajouter 1 cuil. à café de condiment.

BON À SAVOIR
Pour le crabe, voir p. 22.

Le cédrat est un agrume sans jus à la chair délicieuse. On le trouve notamment en Corse, en Asie du Sud et au Maroc. À défaut, utilisez des citrons niçois, dont la peau est douce et parfumée (sans amertume).

VARIANTE
Vous pouvez remplacer le crabe (voir p. 22) par des crevettes cuites ou du homard cuit.

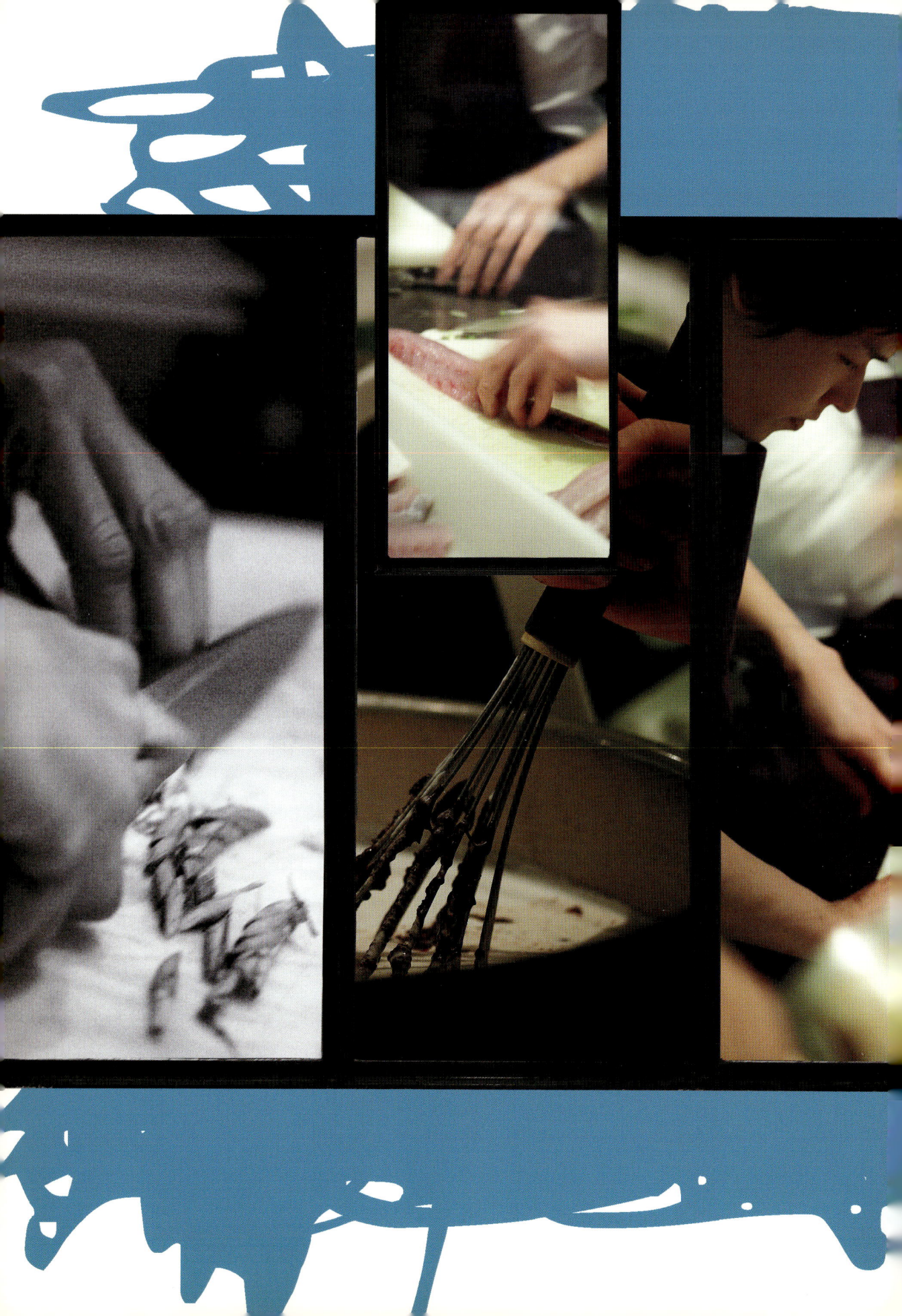

CRÈME DE PANAIS-COCO-
CITRONNELLE, HUILE DE SÉSAME •
SOUPE DE POISSONS, SAINT-
JACQUES SAUTÉES AU BASILIC THAÏ
• BOUILLON THAÏ DE CRUSTACÉS
AUX ASPERGES ET AUX PETITS

BOUILLONS
ET SOUPES

POIS • CRÈME DE POMMES DE
TERRE, ESCARGOTS ET CONDIMENT
CRESSON • VELOUTÉ DE POTIRON
AU LAIT DE COCO ET AUX CÈPES •
BOUILLON DE CAROTTES-
CITRONNELLE ET LANGOUSTINES •
SOUPE DE CHÂTAIGNES, RIS DE
VEAU ET CONDIMENT SÉSAME NOIR
• SOUPE D'ASPERGES BLANCHES,
GALANGA ET FÈVES • BOUILLON DE
CANARD ET DE FOIE GRAS

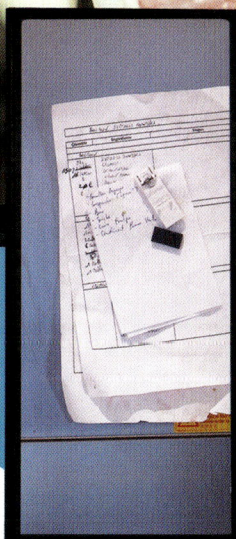

BOUILLONS & SOUPES

Ce fut le prélude à son exploration des grimoires asiatiques. Le bouillon, avant tout le reste. « *J'ai toujours idéalisé ces bols fumants, éclatants de couleurs, constellés d'herbes fraîches, avec des légumes croquants, de la viande ou du poisson. C'était un vrai fantasme.* » Fantasme qu'il assouvit patiemment, méticuleusement. D'abord, William Ledeuil a cherché à comprendre. Il voyage à Bangkok, décrypte les *tom yam* (bouillons clairs) et les *tom kha* (bouillons liés au lait de coco), ajoute, soustrait, rectifie... « *L'idée n'était pas de reproduire un très bon bouillon thaï mais de réussir à le décomposer pour en recomposer de nouveaux, baignés d'autres influences.* » Ils sont aujourd'hui à la source de toutes ses constructions culinaires : jus, émulsions, pâtes... Et, bien entendu, les soupes. Du mousseux au soyeux, du jaune vif au vert acide, tissant les meilleurs légumes et crustacés du terroir aux fils de sa trame asiatique, crèmes, bouillons et veloutés composent une branche essentielle du système Ledeuil.

« J'ai toujours idéalisé ces bols fumants, éclatants de couleurs, constellés d'herbes fraîches, avec des légumes croquants, de la viande ou du poisson. C'était un vrai fantasme. »

CRÈME DE PANAIS-COCO-CITRONNELLE, HUILE DE SÉSAME

Pour 6 personnes
Préparation : 20 min
Cuisson totale : 40 min

80 cl de bouillon de volaille
55 cl de lait de coco
400 g de panais
40 g de galanga
2 gousses d'ail
2 tiges de citronnelle
Quelques feuilles de shiso vert ou rouge
3 cuil. à soupe d'huile d'olive
Huile de sésame grillée
Sel de céleri
Poivre blanc

◉ Éplucher les panais et les couper en rondelles de 3 ou 4 mm. Éplucher les gousses d'ail et le galanga. Enlever la première feuille et l'extrémité dures des tiges de citronnelle, les couper en deux dans la longueur, puis les émincer très finement ainsi que le galanga. Couper finement les feuilles de shiso aux ciseaux.

◉ Dans une casserole, faire chauffer à feu doux 2 cuil. à soupe d'huile d'olive et y faire revenir la citronnelle et le galanga pendant 2 à 3 min à feu doux sans coloration. Ajouter le panais et 2 ou 3 cuil. à soupe d'eau. Saler et poivrer. Couvrir, faire cuire à feu doux pendant environ 10 min. Remuer souvent.

◉ Ajouter le bouillon de volaille et poursuivre la cuisson pendant 20 min à feu doux. Verser ensuite le lait de coco et porter à ébullition, puis laisser cuire pendant 5 min à feu doux.

◉ Mixer pour obtenir une belle crème de panais blanche et brillante. La passer au chinois en pressant fortement pour extraire tous les parfums du galanga et de la citronnelle.

◉ Servir la crème de panais bien chaude dans des bols et, juste avant de déguster, ajouter un filet d'huile d'olive et de sésame grillée. Parsemer de feuilles de shiso.

BON À SAVOIR

Vous pouvez préparer vous-même le bouillon de volaille : préparez et épluchez 2 tiges de citronnelle, 2 gousses d'ail, 1 oignon doux, 1/2 blanc de poireau, 1/2 branche de céleri, 1/4 de fenouil, 2 champignons de Paris et 3 carottes, puis émincez-les. Plongez le tout dans 4 litres d'eau salée (15 g de gros sel) avec 1,5 kg d'ailerons de volaille achetés chez votre volailler. Faites cuire pendant 2 h à feu doux. Filtrez et laissez refroidir. Congelez ce bouillon en portions de 1/4 ou 1/2 litre et utilisez-les selon vos besoins.

Le shiso est une herbe aromatique au léger goût de cumin. Vous le trouverez dans les épiceries asiatiques.

VARIANTE

Vous pouvez remplacer le panais par du céleri-rave et le shiso par du basilic.

SOUPE DE POISSONS, SAINT-JACQUES SAUTÉES AU BASILIC THAÏ

Pour 6 personnes
Préparation : 30 min
Cuisson totale : 45 min

12 noix de Saint-Jacques
1 orange ou un citron non traités (zeste)
3 brins de basilic thaï (feuilles)
Quelques pluches d'aneth
3 cuil. à soupe d'huile d'olive

Pour la soupe de poissons

1,5 litre de soupe de poissons (achetée chez
le poissonnier)
50 cl de lait de coco
2 tomates
1/2 fenouil
1 branche de céleri
2 oranges non traitées (zeste)
2 gousses d'ail
1 bulbe de galanga
1 bulbe de curcuma
5 feuilles de lime
2 tiges de citronnelle
4 pistils de safran
1 cuil. à café de pâte de curry rouge thaï
5 cuil. à soupe d'huile d'olive
Sel de céleri

◉ Rincer sous un filet d'eau les noix de Saint-Jacques et les égoutter sur une assiette recouverte de papier absorbant. Réserver au réfrigérateur.

LA SOUPE DE POISSONS

◉ Éplucher les gousses d'ail, le céleri branche, le fenouil, le curcuma et le galanga. Enlever la première feuille et l'extrémité dures des tiges de citronnelle, puis les couper en deux dans la longueur. Émincer très finement l'ail, le céleri, le fenouil, le curcuma, le galanga, la citronnelle et les feuilles de lime. Couper les tomates en morceaux.

◉ Dans une casserole, faire chauffer l'huile d'olive et la pâte de curry rouge thaï et y faire suer tous les ingrédients émincés et le zeste des oranges. Assaisonner avec le sel de céleri. Laisser cuire à feu doux et à couvert pendant environ 10 min. Ajouter le safran et la soupe de poissons. Poursuivre la cuisson à feu doux pendant 20 min.

◉ Verser le lait de coco, porter à ébullition, puis laisser cuire à feu doux pendant 10 min. Mixer et filtrer.

LA FINITION

◉ Tailler les noix de Saint-Jacques en quatre.

◉ Dans une poêle antiadhésive, faire chauffer l'huile d'olive, y faire sauter à feu vif les dés de noix de Saint-Jacques et les colorer rapidement pendant environ 1 min. Hors du feu, ajouter les feuilles de basilic thaï et les pluches d'aneth.

◉ Dans chaque assiette creuse chaude, répartir les dés de noix de Saint-Jacques, puis verser la soupe de poissons et le zeste d'agrumes râpé.

BON À SAVOIR

Le curcuma, d'un jaune orangé vif, est un rhizome comme le gingembre. Il a un goût très relevé et apporte beaucoup de fraîcheur et une très belle couleur aux plats.

Vous trouverez la pâte de curry rouge thaï dans les épiceries asiatiques.

VARIANTES

Vous pouvez remplacer l'aneth par du cresson.

Cette recette est également délicieuse avec des couteaux (500 g) à la place des noix de Saint-Jacques.

BOUILLON THAÏ DE CRUSTACÉS AUX ASPERGES ET AUX PETITS POIS

Pour 6 personnes
Préparation : 30 min
Cuisson totale : 1 h 20
Infusion : 10 min

Pour le bouillon thaï de crustacés
500 g de crevettes grises
ou de têtes de langoustines
50 cl de lait de coco
6 champignons de Paris
2 carottes
1 fenouil
1 branche de céleri
2 citrons (jus)
4 gousses d'ail
80 g de gingembre frais
1 piment-oiseau
4 feuilles de lime
5 tiges de citronnelle
1/2 cuil. à café de sucre de palme ou
de sucre roux
1 cuil. à café de sauce nuoc-mâm
3 cuil. à soupe d'huile d'olive

Pour les asperges et les petits pois
12 asperges vertes
120 g de petits pois écossés
1 tige de citronnelle
1 cuil. à soupe d'huile d'olive
Sel de céleri
Gros sel

Pour la finition
2 brins de basilic (de préférence thaï)
(feuilles)
2 oignons nouveaux
1 cuil. à soupe d'huile d'olive très fruitée

LE BOUILLON THAÏ DE CRUSTACÉS

☞ Enlever la première feuille et l'extrémité dures de 3 tiges de citronnelle, puis les couper en deux dans la longueur. Préparer le céleri, les champignons et le fenouil. Peler les carottes, le gingembre et les gousses d'ail. Émincer le piment-oiseau et tous ces ingrédients.

☞ Dans une casserole, faire chauffer l'huile d'olive à feu doux, ajouter tous les ingrédients émincés et les crustacés. Verser 2 litres d'eau et porter à ébullition. Baisser le feu et écumer. Laisser cuire à feu doux pendant environ 1 h. Filtrer le bouillon et le laisser refroidir. Réserver 50 cl de bouillon et congeler le reste pour une utilisation ultérieure.

☞ Enlever la première feuille et l'extrémité dures des 2 tiges de citronnelle restantes, les couper en deux dans la longueur. Les émincer finement ainsi que les feuilles de lime. Les faire infuser à feu doux pendant 10 min dans les 50 cl de bouillon. Ajouter le lait de coco, porter à ébullition et laisser cuire à feu doux pendant 5 min. Hors du feu, ajouter le sucre, le jus des citrons et le nuoc-mâm. Mixer et filtrer en pressant pour extraire tous les parfums.

LES ASPERGES ET LES PETITS POIS

☞ Éplucher les asperges vertes en enlevant bien les petits « picots ». Enlever la première feuille et l'extrémité dures de la tige de citronnelle, puis la couper en deux dans la longueur.

☞ Faire cuire les petits pois dans de l'eau bouillante salée pendant 2 min, puis les faire refroidir aussitôt dans de l'eau glacée. Faire cuire les asperges avec l'huile d'olive, la citronnelle et le sel de céleri, à feu doux et à couvert, pendant 2 à 3 min.

LA FINITION

☞ Faire chauffer les asperges et les petits pois avec 2 cuil. à soupe de bouillon de crustacés. Ajouter les feuilles de basilic thaï et les oignons nouveaux émincés. Verser un filet d'huile d'olive.

☞ Répartir les légumes dans chaque bol. Verser juste avant de déguster le bouillon émulsionné à l'aide d'un mixeur.

BON À SAVOIR
Préparez toujours les bouillons en grande quantité, car ils vous serviront pour d'autres recettes.

La feuille de lime est une feuille de citronnier que l'on trouve en petits sachets surgelés dans les épiceries asiatiques.

Le dosage du nuoc-mâm, sauce indispensable dans la cuisine de l'Asie du Sud-Est, doit être très précis. Il donne un goût subtil.

CRÈME DE POMMES DE TERRE, ESCARGOTS ET CONDIMENT CRESSON

Pour 6 personnes
Préparation : 20 min
Cuisson totale : 50 min

Pour la crème de pommes de terre
200 g de pommes de terre (de préférence des charlottes ou des grosses rattes)
2 oignons doux
5 gousses d'ail
1 blanc de poireau
40 g de galanga
1 piment-oiseau
3 tiges de citronnelle
60 cl de bouillon volaille
40 cl de lait de coco
3 cuil. à soupe d'huile d'olive
Sel de céleri
Poivre du moulin

Pour le condiment cresson
2 bottes de cresson
80 g de crème d'artichaut
3 cl de bouillon de volaille
4 cuil. à soupe d'huile d'olive
Sel de céleri

Pour les escargots
240 g d'escargots (de préférence petits-gris) en conserve (poids net égoutté)
50 g beurre demi-sel
40 g d'échalote
3 brins de basilic thaï (feuilles)
1 botte de ciboulette
2 pincées poudre de wasabi

| BON À SAVOIR
Pour le wasabi et la crème d'artichaut, voir p. 24.

VARIANTE
Vous pouvez remplacer le cresson par de la roquette sauvage ou du persil plat.

LA CRÈME DE POMMES DE TERRE-GALANGA

◉ Éplucher et émincer les pommes de terre, puis les rincer dans de l'eau froide. Enlever la première feuille et l'extrémité dures des tiges de citronnelle, puis les couper en deux dans la longueur. Peler les gousses d'ail, les oignons et le galanga. Émincer l'ail, les oignons, le poireau, le galanga et la citronnelle. Épépiner le piment-oiseau.

◉ Dans une casserole, faire chauffer l'huile d'olive et y faire suer à feu doux et à couvert les pommes de terre, le poireau, l'ail, l'oignon, la citronnelle, le galanga et le piment-oiseau pendant 10 min. Ajouter le jus d'escargots (le court-bouillon de la conserve) et le bouillon de volaille.

◉ Faire cuire à feu doux et à couvert pendant 30 min. Ajouter le lait de coco, porter à ébullition, puis poursuivre la cuisson pendant 10 min. Assaisonner avec le sel de céleri et poivrer. Mixer et filtrer.

LE CONDIMENT CRESSON

◉ Laver et effeuiller le cresson (enlever surtout les grosses tiges). Plonger le cresson dans un grand volume d'eau bouillante salée pendant 4 à 5 min, puis le faire refroidir aussitôt dans de l'eau glacée et l'égoutter sans le presser.

◉ Mixer le cresson avec le bouillon de volaille, la crème d'artichaut, l'huile d'olive et le sel de céleri. Filtrer.

LES ESCARGOTS

◉ Éplucher et émincer finement l'échalote. Émincer la ciboulette.

◉ Dans une poêle, faire mousser le beurre demi-sel, ajouter les escargots et les faire sauter à feu vif pendant environ 2 min. Saupoudrer de poudre de wasabi. Hors du feu, ajouter les feuilles de basilic thaï, la ciboulette et l'échalote.

LA FINITION

◉ Dans chaque assiette, répartir le condiment cresson, disposer les escargots et verser la crème de pommes de terre.

VELOUTÉ DE POTIRON AU LAIT DE COCO ET AUX CÈPES

Pour 6 personnes
Préparation : 30 min
Cuisson totale : 1 h

Pour le velouté de potiron
60 cl de bouillon de volaille
60 cl de lait de coco
400 g de potiron
3 tiges de citronnelle
4 cuil. à soupe d'huile d'olive
Sel de céleri

Pour les cèpes
4 beaux cèpes
2 échalotes (de préférence grises)
3 brins de basilic thaï (feuilles)
1 brin de coriandre (feuilles)
2 tiges de cive chinoise
2 cuil. à soupe d'huile d'olive

Pour la finition
1 cuil. à soupe d'huile d'arachide grillée ou d'olive très fruitée (facultatif)

> ## BON À SAVOIR
> Le basilic thaï, herbe aromatique essentielle dans la cuisine thaïe, a une saveur mentholée et anisée au parfum extraordinaire. Si vous n'en trouvez pas dans les épiceries asiatiques, vous pouvez le remplacer par de l'estragon.

LE VELOUTÉ DE POTIRON

◉ Éplucher le potiron et le couper en gros dés. Le précuire au micro-ondes (puissance forte) avec 2 cuil. à soupe d'huile d'olive pendant 10 min.

◉ Enlever la première feuille et l'extrémité dures des tiges de citronnelle, les couper en deux dans la longueur, puis les faire revenir à feu doux avec l'huile d'olive restante. Ajouter le potiron et faire cuire à feu doux pendant 15 à 20 min en ajoutant une louche de bouillon et le sel de céleri.

◉ Verser le reste du bouillon, poursuivre la cuisson à feu très doux et à couvert pendant 20 min. Ajouter le lait de coco, porter à ébullition et faire cuire à feu très doux et à découvert. Mixer, puis passer au chinois pour obtenir un velouté très lisse et fluide. Rectifier l'assaisonnement. Réserver au chaud au bain-marie.

LES CÈPES

◉ À l'aide d'un petit couteau, nettoyer le pied des cèpes et les laver avec une éponge humide sous un filet d'eau froide, puis les sécher sur un papier absorbant. Séparer les pieds des têtes et couper les cèpes en biais, en tranches de 3 mm d'épaisseur. Éplucher les échalotes. Les émincer finement ainsi que les tiges de cive chinoise et les feuilles de basilic thaï et de coriandre.

◉ Dans une poêle antiadhésive, faire chauffer à feu vif l'huile d'olive et y faire colorer les cèpes pendant 4 à 5 min. Procéder en deux fois pour que les champignons soient bien colorés. Ajouter les échalotes et les faire revenir avec les cèpes pendant environ 1 min.

◉ Hors du feu, ajouter les herbes pour qu'elles apportent toute leur saveur, mais ne cuisent pas.

LA FINITION

◉ Dans chaque assiette creuse, disposer les cèpes et juste avant de déguster, verser le velouté très chaud. Ajouter éventuellement un filet d'huile d'arachide grillée ou d'olive très fruitée.

BOUILLON DE CAROTTES-CITRONNELLE ET LANGOUSTINES

Pour 6 personnes
Préparation : 30 min
Cuisson totale : 1 h

12 langoustines (de préférence vivantes)
(15-20 pièces au kg)

Pour le bouillon de carotte
400 g de carottes
1 oignon doux
3 gousses d'ail
40 g de galanga
2 tiges de citronnelle
1/2 piment-oiseau
80 cl de bouillon de volaille
80 cl de lait de coco
3 cuil. à soupe d'huile d'olive
Sel de céleri

Pour la finition
6 kumquats
6 feuilles d'oseille fraîche
4 feuilles de shiso vert ou rouge
30 g de gingembre mariné (voir recette p. 19)
2 brins de coriandre (feuilles)
3 cuil. à soupe d'huile d'olive
2 poivres longs

⊛ Décortiquer les langoustines et retirer le petit boyau noir. Réserver au réfrigérateur.

LE BOUILLON DE CAROTTES

⊛ Éplucher les carottes, puis les couper en rondelles de 5 mm d'épaisseur. Éplucher, puis émincer l'oignon et écraser les gousses d'ail. Éplucher le galanga. Enlever la première feuille et l'extrémité dures des tiges de citronnelle, les couper en deux dans la longueur, puis les émincer finement ainsi que le galanga. Épépiner le 1/2 piment-oiseau.

⊛ Dans une grande casserole, faire chauffer l'huile d'olive et y faire suer, sans coloration, l'oignon, l'ail, la citronnelle, le 1/2 piment-oiseau et le galanga pendant 3 à 4 min, puis ajouter les carottes et poursuivre la cuisson à feu doux et à couvert pendant 10 min. Ajouter 3 cuil. à soupe d'eau pour éviter toute coloration.

⊛ Verser le bouillon de volaille, porter à ébullition et faire cuire à couvert pendant environ 30 min. Incorporer le lait de coco, porter à ébullition de nouveau, puis laisser cuire à feu doux pendant 10 min.

⊛ Mixer pendant 4 min pour obtenir une texture très lisse, puis filtrer. Rectifier l'assaisonnement avec le sel de céleri. Réserver au chaud au bain-marie.

LA FINITION

⊛ Couper les feuilles de shiso et d'oseille aux ciseaux. Couper les kumquats en six et les épépiner. Tailler en fins filaments le gingembre mariné.

⊛ Dans une poêle, faire rôtir à l'huile d'olive les langoustines à feu vif pendant 2 à 3 min. Hors du feu, ajouter l'oseille et le shiso, puis les poivres longs râpés. Bien mélanger.

⊛ Dans chaque assiette creuse, répartir le kumquat et le gingembre. Disposer les langoustines et parsemer de feuilles de coriandre. Juste avant de déguster, verser le bouillon de carottes.

BON À SAVOIR

Ajoutez toujours les herbes hors du feu pour qu'elles ne cuisent pas, diffusent ainsi tout leur parfum et conservent leur fraîcheur.

Le shiso (voir aussi p. 42) est utilisé très souvent par les chefs japonais pour accompagner les sashimis. Ces feuilles se marient très bien avec les crustacés.

Le poivre long, de forme oblongue (2 ou 3 cm), se trouve au rayon exotique ou épices de certaines grandes surfaces. Il est utilisé râpé ou concassé, puis moulu.

SOUPE DE CHÂTAIGNES, RIS DE VEAU ET CONDIMENT SÉSAME NOIR

Pour 6 personnes
Préparation : 40 min
Trempage : 1 h
Cuisson : 45 min

Pour la soupe de châtaignes
300 g de châtaignes sous vide
1 oignon doux
5 gousses d'ail
1/2 piment-oiseau
2 tiges de citronnelle
40 g de galanga
90 cl de bouillon de volaille
60 cl de lait de coco
3 cuil. à soupe d'huile d'olive
Sel de céleri

Pour le condiment sésame noir
2 citrons (jus)
60 g de marmelade d'oranges amères
70 g de pâte de sésame noir
1 cuil. à soupe de gingembre mariné
(voir recette p. 19)

Pour les ris de veau
180 g de noix de ris de veau
50 g de beurre demi-sel
4 châtaignes sous vide
3 brins de coriandre (feuilles)
Sel, poivre du moulin

> **BON À SAVOIR**
> Vous pourrez trouver de
> la marmelade d'oranges amères
> dans les épiceries italiennes.
>
> **VARIANTE**
> Vous pouvez remplacer la pâte
> de sésame noir (disponible dans
> les supermarchés asiatiques) par
> de la pâte de sésame blanc (ou
> *halva*, disponible dans les épiceries
> orientales) ou du beurre de
> cacahuète.

LA SOUPE DE CHÂTAIGNES

- Émincer grossièrement les châtaignes et les faire tremper 1 h dans le lait de coco. Peler les gousses d'ail, l'oignon et le galanga. Enlever la première feuille et l'extrémité dures des tiges de citronnelle, les couper en deux dans la longueur, puis les émincer finement ainsi que l'ail, l'oignon et le galanga. Épépiner le 1/2 piment-oiseau.
- Dans une grande casserole, faire chauffer l'huile d'olive et y faire suer l'ail, l'oignon, le galanga, la citronnelle et le 1/2 piment-oiseau.
- Égoutter les châtaignes et réserver le lait de coco. Dans la casserole, ajouter les châtaignes et verser le bouillon de volaille. Porter à ébullition et laisser cuire pendant 20 min à feu très doux. Verser le lait de coco et porter de nouveau à ébullition. Poursuivre la cuisson pendant 5 min, puis mixer et filtrer. Assaisonner avec le sel de céleri.

LE CONDIMENT SÉSAME NOIR

- Hacher le gingembre mariné. Mélanger la pâte de sésame noir avec la marmelade d'oranges amères, le jus des citrons et le gingembre mariné, haché.

LES RIS DE VEAU

- Dans une petite casserole, couvrir d'eau froide les ris de veau. Porter à ébullition, puis retirer les ris de veau et les faire refroidir aussitôt dans de l'eau glacée. Les égoutter et les éplucher (enlever la fine membrane). Les tailler en dés de 1 cm de côté.
- Émincer finement les châtaignes.

LA FINITION

- Dans une poêle, faire mousser à feu doux le beurre demi-sel jusqu'à obtenir une belle couleur noisette.
- Ajouter les dés de ris de veau et les faire rissoler pendant environ 3 min. Assaisonner. Incorporer en fin de cuisson les châtaignes et laisser rissoler pendant environ 30 s. Hors du feu, ajouter les feuilles de coriandre.
- Dans chaque assiette creuse chaude, disposer le condiment, répartir les ris de veau et verser la soupe de châtaignes brûlante.

SOUPE D'ASPERGES BLANCHES, GALANGA ET FÈVES

Pour 6 personnes
Préparation : 30 min
Cuisson totale : 25 min

100 g de haddock
500 g de fèves
12 asperges vertes
1 tige de citronnelle
3 brins de basilic thaï (feuilles)
3 brins d'estragon (feuilles)
2 cuil. à soupe d'huile d'olive
Sel, poivre du moulin

Pour la soupe d'asperges blanches
500 g d'asperges blanches
1 oignon doux
3 gousses d'ail
2 tiges de citronnelle
40g bulbes de galanga
4 feuilles de lime
35 cl de bouillon de volaille
35 cl de lait de coco
4 cuil. à soupe d'huile d'olive
Sel

BON À SAVOIR

Le galanga (voir photo p. 36) est un rhizome de la famille du gingembre qui apporte une saveur particulière, à la fois fraîche, légèrement piquante et poivrée. Il parfumera soupes, bouillons, marinades et jus. Vous en trouverez dans les supermarchés chinois ou exotiques. Vous pouvez le mettre, entier ou émincé, en sachet et le conserver au congélateur.

VARIANTES

Vous pouvez apporter à cette recette un goût légèrement fumé en utilisant du saumon ou du thon fumé.

Pour la soupe, vous pouvez remplacer les asperges blanches par des asperges vertes.

◉ Enlever la première feuille et l'extrémité dures de la tige de citronnelle, la couper en deux dans la longueur. Écosser les fèves, les plonger dans de l'eau bouillante salée pendant 2 min, puis les faire refroidir dans de l'eau glacée. Bien les égoutter et les peler. À l'aide d'un couteau économe, éplucher les asperges vertes en enlevant bien les petits « picots », à l'exception de ceux de la tête des asperges. Tailler les pointes à 2 cm et émincer les queues en morceaux de 3 ou 4 mm d'épaisseur.

◉ Dans une poêle, faire chauffer l'huile d'olive et y faire suer la citronnelle et les asperges vertes, puis laisser cuire à feu doux et à couvert pendant 2 à 3 min. Assaisonner. Réserver.

◉ Tailler le haddock en dés de 5 mm. Réserver au réfrigérateur.

LA SOUPE D'ASPERGES BLANCHES

◉ À l'aide d'un couteau économe, éplucher les asperges blanches et les laisser tremper dans l'eau pendant 10 min pour bien laver les pointes. Peler les gousses d'ail et l'oignon. Les émincer grossièrement. Éplucher le galanga. Enlever la première feuille et l'extrémité dures des tiges de citronnelle, les couper en deux dans la longueur. Les émincer finement ainsi que le galanga et les feuilles de lime.

◉ Dans une casserole, faire chauffer 3 cuil. à soupe d'huile d'olive et y faire suer l'ail, l'oignon, le galanga, la citronnelle et les asperges. Saler, puis poursuivre la cuisson, à feu doux et à couvert, pendant 3 à 4 min. Remuer souvent pour éviter toute coloration. Ajouter le bouillon de volaille, puis faire cuire à feu doux pendant 10 min. Ajouter le lait de coco et porter à ébullition.

◉ Mixer pendant 4 min avec les feuilles de lime, l'huile d'olive restante et filtrer. Réserver au chaud au bain-marie.

LA FINITION

◉ Couper les feuilles de basilic thaï aux ciseaux.

◉ Réchauffer à feu doux les asperges vertes et les fèves, puis ajouter le basilic thaï. Le répartir dans chaque assiette creuse, puis ajouter les dés de haddock.

◉ Juste avant de déguster, verser la soupe d'asperges blanches et parsemer de feuilles d'estragon.

BOUILLON DE CANARD ET DE FOIE GRAS

Pour 6 personnes
Préparation : 50 min
Marinade au frais : 1 h 30
Repos : 20 min
Cuisson totale : 2 h 10

Pour le foie gras
300 g de foie gras
80 g de fleur de sel
Mélange de poivres
(poivre long, poivre de Sichuan…)

Pour le bouillon de canard
4 cuisses de canard
200 g d'ailerons de volaille
100 g de poitrine de porc fraîche
3 carottes
1 branche de céleri
1 oignon
5 gousses d'ail
4 tiges de citronnelle
1 piment-oiseau
2 bulbes de galanga
1 cuil. à café de *yuzu kosho* ou
1 citron vert non traité (zeste)
2 litres de bouillon de volaille
10 cl de mirin
10 cl de vinaigre de riz
3 cuil. à soupe d'huile d'olive

Pour la garniture
2 petits choux *pak choi*
120 g de champignons shiitaké ou
lentins de chêne
1 paquet de champignons enoki (100 g)
3 tiges de cive chinoise
10 feuilles de basilic thaï
3 brins de coriandre chinoise
1 piment doux
Fleurs d'herbes
30 g de gingembre mariné (voir recette p. 19)
5 cuil. à soupe d'huile d'olive
Sel de céleri

LE FOIE GRAS

⦿ Moudre les poivres et les mélanger. Envelopper le foie gras dans une feuille de papier sulfurisé et lui donner une forme de rectangle. Retirer le papier sulfurisé, placer le foie gras dans un plat et l'enduire d'un mélange fleur de sel-poivres. Laisser mariner pendant environ 1 h 30 au réfrigérateur.

LE BOUILLON DE CANARD

⦿ Éplucher tous les légumes. Épépiner le piment-oiseau. Enlever la première feuille et l'extrémité dures des tiges de citronnelle, les couper en deux dans la longueur. Émincer finement tous ces ingrédients. Couper en petits morceaux les cuisses de canard, les ailerons de volaille et la poitrine de porc.

⦿ Dans une poêle chaude, faire dorer à feu doux les morceaux de volaille et de porc. Les retirer et les égoutter.

⦿ Dans une grande casserole, faire chauffer l'huile d'olive et y faire suer les légumes, à couvert, pendant 10 min. Ajouter les viandes, le vinaigre de riz et le mirin. Porter à ébullition et laisser réduire de moitié. Verser le bouillon de volaille. Porter de nouveau à ébullition et écumer (le bouillon doit être très clair). Laisser mijoter à feu doux pendant 1 h 30. Hors du feu, laisser reposer pendant 20 min et filtrer. Couper en petits morceaux la volaille et le porc. Assaisonner avec le *yuzu kosho*.

LA GARNITURE

⦿ Couper la partie dure du pied des enoki. Tailler les shiitaké en six et les assaisonner avec le sel de céleri et 3 cuil. à soupe d'huile d'olive. Couper les feuilles de basilic thaï aux ciseaux. Émincer finement la coriandre chinoise et la cive chinoise. Couper les *pak choi* en six, épépiner le piment doux et le tailler en rondelles.

⦿ Sur la plaque du four, placer les shiitaké sous le gril préchauffé à 80 °C (th. 2-3) pendant environ 15 min, en remuant régulièrement pour éviter qu'ils ne dessèchent.

⦿ Dans une poêle chaude, faire chauffer l'huile d'olive restante et y faire sauter à feu vif le *pak choi* et le piment pendant environ 1 min.

BON À SAVOIR

Pour les enoki, voir p. 28.

Le *yuzu kosho* est une pâte
de piment extra forte au parfum
de yuzu.

VARIANTE

Le vinaigre de riz peut être remplacé
par du vinaigre de pomme ou
de cidre, et le mirin par 30 g
de sucre roux.

LA FINITION

❂ Tailler le foie gras en cubes de 2 cm de côté. Le disposer dans
chaque bol. Répartir harmonieusement le pak choi, le piment
doux, les champignons et les lamelles de gingembre mariné.
Parsemer de toutes les herbes émincées et de fleurs d'herbes.
Juste avant de déguster, verser le bouillon.

LANGOUSTINES ET PETITS POIS, CONDIMENT ORANGE-ANANAS-COCO ● RAVIOLES DE BAR À LA CORIANDRE, JUS DE COQUILLAGES-LIME ● BOUCHÉES DE CHOU ET DE VOLAILLE, CONDIMENT ARACHIDE-MOUTARDE ● BETTERAVES DE COULEUR, VINAIGRETTE CITRON-MOUTARDA-ANETH ● SAUMON VAPEUR, LIME, ALGUES, HUILE DE WASABI ● RAVIOLES DE LANGOUSTINES AU BASILIC THAÏ, SAUCE VIERGE THAÏE ● GAMBAS

VAPEURS ET FRITURES

VAPEUR AU COMBAWA ● LÉGUMES VERTS, VAPEUR D'AGRUMES, JUS DE WASABI ● GOUJONNETTES DE SOLE, SAUCE « VITELLO » ● TEMPURA DE CREVETTES, CONDIMENT PIPERADE-MOUTARDA ● CROQUETTES DE PATATES DOUCES, CRABE ET HERBES THAÏES, CONDIMENT ARTICHAUT-PIMENT ● RACINES DE LOTUS FRITES, AÏOLI DE PATATE DOUCE AU GINGEMBRE ● CROQUETTES DE LAPEREAU AUX HERBES THAÏES, CONDIMENT MOUTARDE-VIOLETTE-TAMARIN ● FLEURS DE COURGETTES ET RÂPÉE DE COURGETTES EN TEMPURA, CONDIMENT RAIFORT-PIMENT

VAPEURS & FRITURES

Le yin et le yang des fourneaux asiatiques. William Ledeuil y puise une part de son souffle créatif, même s'il dit se méfier de la terminologie. Vapeur ? Copieusement ignorée par la haute cuisine française, elle n'a apparemment d'autre pouvoir que de nous renvoyer dans l'assiette insipide des caloriphobes. Friture ? La porte ouverte aux beignets spongieux, huileux, graisseux. Pas franchement la panacée pour un gardien de la frugalité.

Tout le défi est de réenchanter ces deux modes de cuisson. Des vapeurs : « *J'aime leur côté sain. Le produit est respecté dans son goût, sa couleur, sa limpidité. Juste avec un trait final d'une bonne huile et une touche de condiment, les poissons et les légumes deviennent lu-*

Des vapeurs : « Le produit est respecté dans son goût, sa couleur, sa limpidité.
« Prenez les tempuras : quand elles sont faites dans règles de l'art, ce sont des bijoux de légèreté. »

mineux. » Des fritures : « *À condition de les maîtriser, on peut en faire des choses très délicates. Prenez les tempuras : quand elles sont faites dans règles de l'art, ce sont des bijoux de légèreté. J'ai aussi créé beaucoup de croquettes, pour le contraste entre le joli croustillant bien doré et le cœur explosif.* »

LANGOUSTINES ET PETITS POIS, CONDIMENT ORANGE-ANANAS-COCO

Pour 4 personnes
Préparation : 30 min
Cuisson totale : 30 min

16 langoustines de belle taille (8-10 au kg)
300 g de petits pois écossés
4 oignons fanes
1 tige de citronnelle
3 brins d'estragon (feuilles)
3 cuil. à soupe d'huile d'olive
Sel de céleri

Pour le condiment orange-ananas-coco
10 cl de jus d'orange
10 cl de jus d'ananas
5 cl de jus de citron
5 cl de lait de coco
2 gousses d'ail
1 bulbe de curcuma
30 g de gingembre frais
1/2 piment-oiseau
2 tiges de citronnelle

BON À SAVOIR
Pour peler le curcuma, mettez des gants, car il tache beaucoup. Comme pour le galanga et le curcuma, je vous conseille d'acheter les tiges de citronnelle en grande quantité, de les préparer, de les émincer et de les congeler en petites portions. Faire suer la citronnelle dans de l'huile permet de parfumer l'huile : une astuce que vous pouvez réutiliser dans bien des recettes.

Si vous avez une centrifugeuse, faites vous-même vos jus d'ananas et d'orange.

VARIANTE
Vous pouvez également servir ce plat avec des tomates cerises confites et des haricots verts ou des haricots beurre et des pêches blanches émincés finement.

- Décortiquer les langoustines et retirer le petit boyau noir. Réserver au réfrigérateur.
- Émincer finement les oignons fanes. Enlever la première feuille et l'extrémité dures de la tige de citronnelle, puis la couper en deux dans la longueur.

LE CONDIMENT ORANGE-ANANAS-COCO
- Peler les gousses d'ail, le gingembre et le curcuma. Enlever la première feuille et l'extrémité dures des tiges de citronnelle, puis les couper en deux dans la longueur et les émincer finement. Épépiner le 1/2 piment-oiseau.
- Dans une casserole, mélanger les jus d'orange, d'ananas et de citron, l'ail, le curcuma, le gingembre, le 1/2 piment-oiseau et la citronnelle. Laisser réduire de moitié à feu doux. Ajouter le lait de coco et porter à ébullition. Laisser cuire ensuite à feu doux pendant 10 min. Mixer et filtrer. Réserver au réfrigérateur.

LA FINITION
- Dans une sauteuse, faire chauffer 2 cuil. à soupe d'huile d'olive et y faire suer la citronnelle. Ajouter les petits pois. Assaisonner avec le sel de céleri. Ajouter 3 cuil. à soupe d'eau et faire cuire à feu doux et à couvert pendant 3 min. Hors du feu, ajouter les oignons fanes et les feuilles d'estragon.
- Dans un panier à vapeur en bambou, placer la citronnelle et les langoustines pendant 3 ou 4 min selon la taille des crustacés. Napper le fond de chaque assiette avec le condiment, puis disposer les petits pois, les oignons fanes, l'estragon et les langoustines, puis arroser d'un filet d'huile d'olive.

RAVIOLES DE BAR À LA CORIANDRE, JUS DE COQUILLAGES-LIME

Pour 4 personnes (12 ravioles)
Préparation: 40 min
Infusion : 5 min
Cuisson totale : 30 min

1 paquet de raviolis chinois (12 feuilles rondes ou carrées)
2 jaunes d'œufs

Pour le tartare de bar
400 g de filets de bar sans la peau
50 g de crème d'artichaut
6 tiges de cive chinoise
6 brins de coriandre (feuilles)
15 feuilles de basilic thaï (feuilles)
Sel, poivre du moulin

Pour le jus de coquillages-lime
1 kg de moules de bouchot
6 feuilles de lime (fraîches ou surgelées)
2 échalotes
1 bulbe de galanga
1 citron (jus)
3 tiges de basilic thaï
2 tiges de citronnelle
20 cl de lait de coco
1/2 cuil. à café de sauce nuoc-mâm
10 g de sucre de palme ou de cassonade
1 cuil. à soupe d'huile d'olive

BON À SAVOIR
Pour les feuilles de lime,
voir p. 44.

Pour obtenir une belle vapeur,
l'eau doit bouillir à gros bouillons.
Vos ravioles auront ainsi un
aspect très brillant et resteront
suffisamment fermes.

Le galanga parfume soupes
et bouillons et s'accorde très
bien avec le basilic thaï.

Vous trouverez les feuilles
de lime, le galanga, le basilic thaï
et les feuilles de raviolis dans
les supermarchés asiatiques,
et la crème d'artichaut dans
les épiceries italiennes.

LES RAVIOLES DE BAR

❀ Préparer le tartare de bar : émincer finement la cive chinoise, les feuilles de coriandre et de basilic thaï. Couper chaque filet de bar en dés d'environ 5 mm de côté. Mélanger l'ensemble, puis ajouter la crème d'artichaut. Bien mélanger et assaisonner.

❀ Badigeonner légèrement les feuilles de raviolis avec les jaunes d'œufs détendus avec 1 cuil. à soupe d'eau. Déposer environ 30 g de tartare de bar au centre de chaque feuille, les replier en deux pour former une demi-lune ou un rectangle. Appuyer délicatement sur chaque bord de la raviole pour bien la fermer. Réserver au réfrigérateur.

LE JUS DE COQUILLAGES-LIME

❀ Peler et émincer finement les échalotes.

❀ Dans une sauteuse, faire chauffer l'huile d'olive et y faire suer les échalotes, les 2 feuilles de lime, puis ajouter les moules, 10 cl d'eau et laisser cuire à couvert. Lorsque les moules sont ouvertes, les égoutter et conserver 20 cl de leur jus de cuisson.

❀ Décortiquer les moules et les réserver au réfrigérateur. Éplucher le galanga et l'émincer ainsi que les feuilles de lime restantes. Enlever la première feuille et l'extrémité dures des tiges de citronnelle, puis les couper en deux dans la longueur.

❀ Dans une casserole, porter à ébullition le jus de cuisson des moules réservé et y faire infuser 5 min à feu doux la citronnelle, le galanga et les feuilles de lime. Ajouter le lait de coco et porter de nouveau à ébullition. Hors du feu, ajouter le jus du citron et la sauce nuoc-mâm et le sucre de palme. Mixer et filtrer.

LA FINITION

❀ Disposer les ravioles dans des paniers vapeur en bambou et les faire cuire pendant 4 min à la vapeur. Répartissez les ravioles dans chaque assiette creuse. Faire tiédir les moules pendant 30 s à la vapeur. Verser le jus de coquillages-lime sur les ravioles, répartir 1 cuil. à soupe de moules sur les ravioles et parsemer de feuilles de basilic thaï.

BOUCHÉES DE CHOU ET DE VOLAILLE, CONDIMENT ARACHIDE-MOUTARDE

Pour 4 personnes (20 bouchées)
Préparation : 35 min
Cuisson totale : 15 min

Pour les bouchées de chou et de volaille
200 g de blanc de volaille
300 g de crevettes cuites décortiquées
1 chou vert
120 à 150 g de champignons shiitaké ou
lentins de chêne
20 cl de crème liquide
3 brins de basilic thaï (feuilles)
3 brins de coriandre (feuilles)
1 botte de ciboulette
50 g de gingembre mariné (voir recette p. 19)
1/2 cuil. à café de sauce nuoc-mâm
1/2 cuil. à café de pâte de curry rouge thaï
3 cuil. à soupe d'huile d'olive
1 pincée de cardamome
Sel de céleri
Sel

Pour le condiment arachide-moutarde
40 g de beurre de cacahuète
150 g de moutarde type Savora
40 g de moutarde jaune japonaise
2 tiges de citronnelle
30 g de confiture de piment d'Espelette
5 cl de vinaigre de riz

LES BOUCHÉES DE CHOU ET DE VOLAILLE

- Effeuiller le chou et enlever les côtes (n'utiliser que les grandes feuilles : environ 10). Plonger les feuilles de chou dans de l'eau bouillante salée pendant environ 2 min. Les faire refroidir aussitôt dans de l'eau glacée, puis les égoutter sur du papier absorbant. Émincer les crevettes, les feuilles de basilic thaï et de coriandre et la ciboulette. Hacher le gingembre mariné.

- Émincer finement les shiitaké. Dans une poêle, les faire sauter rapidement avec l'huile d'olive et la pâte de curry. Poursuivre la cuisson pendant 1 min.

- Couper le blanc de volaille en morceaux. Les mixer avec la crème liquide, puis ajouter la cardamome et mixer de nouveau jusqu'à obtenir une texture très lisse. Réserver dans un saladier et y ajouter le gingembre mariné, les shiitaké, les crevettes, les herbes émincées et la sauce nuoc-mâm. Bien mélanger. Assaisonner avec le sel de céleri.

- Placer sur une feuille de film étirable 1/2 feuille de chou et 35 g de farce. Replier le chou sur la farce et, à l'aide du film, former des petites boules. Piquer à plusieurs endroits à l'aide de la pointe d'un couteau pour laisser passer l'excès de vapeur et garder la forme des bouchées.

LE CONDIMENT ARACHIDE-MOUTARDE

- Enlever la première feuille et l'extrémité dures des tiges de citronnelle, puis les couper en deux dans la longueur et les émincer finement. Mixer tous les ingrédients et filtrer.

LA FINITION

- Disposer les choux farcis dans des paniers vapeur en bambou et les faire cuire pendant 6 min à la vapeur. Couper le film aux ciseaux et sortir les choux. Tremper chaque bouchée dans le condiment avant de déguster.

> **BON À SAVOIR**
> Pour la moutarde jaune japonaise, voir p. 75.
>
> Vous trouverez la pâte de curry rouge thaï, le basilic thaï, la sauce nuoc-mâm, le vinaigre de riz et la moutarde jaune japonaise dans les épiceries asiatiques.

BETTERAVES DE COULEUR,
VINAIGRETTE CITRON-MOSTARDA-ANETH

Pour 4 personnes
Préparation : 20 min
Marinade au frais : 1 h
Cuisson totale : 30 min

Pour les betteraves de couleur
2 betteraves jaunes de taille moyenne
2 betteraves rouges de taille moyenne
2 betteraves roses de taille moyenne
2 tiges de citronnelle
4 cuil. à soupe d'huile d'olive
Fleur de sel

Pour la vinaigrette citron-mostarda-aneth
4 citrons (jus)
2 tiges de citronnelle
40 g de gingembre frais
120 g de mostarda di Cremona
5 cuil. à soupe d'huile d'olive

Pour la finition
Quelques pluches d'aneth
3 brins de basilic thaï (feuilles)
2 cuil. à soupe d'huile d'olive

LES BETTERAVES DE COULEUR

- Éplucher les betteraves et les tailler en quartiers. Enlever la première feuille et l'extrémité dures des tiges de citronnelle, puis les couper en quatre.
- Dans un grand plat, arroser les betteraves d'huile d'olive, parsemer de fleur de sel et de citronnelle. Laisser mariner pendant 1 h au réfrigérateur, en séparant les betteraves rouges pour qu'elles ne colorent pas les autres.

LA VINAIGRETTE CITRON-MOSTARDA-ANETH

- Enlever la première feuille et l'extrémité dures des tiges de citronnelle, les couper en deux dans la longueur, puis les émincer finement. Éplucher le gingembre.
- Mixer le jus des citrons, la mostarda, le gingembre, l'huile d'olive et la citronnelle. Filtrer et réserver au réfrigérateur.

LA FINITION

- Placer les betteraves dans 2 paniers vapeur en bambou avec la citronnelle, puis les faire cuire pendant 30 min à la vapeur. Couper les feuilles de basilic thaï aux ciseaux. Répartir les betteraves dans chaque assiette creuse, arroser avec l'huile d'olive restante et la vinaigrette citron-mostarda-aneth, puis parsemer de basilic thaï et d'aneth. Servir avec le condiment mostarda.

BON À SAVOIR
Pour la mostarda di Cremona, voir BON À SAVOIR p. 18.

Laissez bien mariner les betteraves avec la citronnelle, qui aura ainsi le temps de les parfumer délicatement.

VARIANTE
Vous pouvez réaliser cette recette avec des carottes de couleur (jaunes, orange et blanches cuites séparément) qui s'accorderont parfaitement avec la vinaigrette.

SAUMON VAPEUR, LIME, ALGUES, HUILE DE WASABI

Pour 4 personnes
Préparation : 30 min
Trempage et repos : 1 h
Marinade : 2 h
Cuisson totale : 6 min

Pour le saumon
4 pavés de saumon de 160 g chacun
1 feuille d'algue kombu
3 tiges de citronnelle
150 g de fleur de sel

Pour l'huile de wasabi
2 citrons (jus)
1 citron
20 g de pâte de wasabi
3 cuil. à soupe d'huile d'olive

Pour la finition
4 feuilles de lime (fraîches ou surgelées)
3 brins de coriandre (feuilles)
2 cuil. à soupe d'huile d'olive

LE SAUMON

- Faire tremper l'algue kombu 30 min dans de l'eau froide. Enlever la première feuille et l'extrémité dures de 1 tige de citronnelle, la couper en deux dans la longueur, puis l'émincer finement. Mélanger la citronnelle avec la fleur de sel.
- Dans un plat, disposer les pavés de saumon, côté chair, sur le mélange fleur de sel-citronnelle et laisser reposer au réfrigérateur pendant 30 min. Les rincer ensuite sous un filet d'eau et les poser sur du papier absorbant.
- Enlever la première feuille et l'extrémité dures des 2 tiges de citronnelle restantes, puis les couper en deux dans la longueur. Piquer chaque 1/2 tige dans les pavés de saumon. Laisser mariner le saumon côté chair sur l'algue kombu durant 2 h.

L'HUILE DE WASABI

- Peler à vif 1 citron et séparer les quartiers. Retailler les quartiers en petits morceaux.
- Dans un bol, mélanger la pâte de wasabi, le jus des citrons, l'huile d'olive et ajouter les morceaux de citron.

LA FINITION

- Émincer très finement les feuilles de lime et la coriandre.
- Dans un panier vapeur en bambou, placer l'algue kombu, les feuilles de lime émincées et les pavés de saumon, côté chair sur l'algue. Arroser d'huile d'olive. Faire cuire environ 6 min à la vapeur.
- Verser 1 cuil. à café d'huile de wasabi sur chaque assiette, poser le saumon et arroser avec l'huile de wasabi restante. Parsemer de coriandre.

BON À SAVOIR
Pour le wasabi, voir p. 24.

Vous trouverez l'algue kombu (voir la photo ci dessus) dans les épiceries japonaises. Elle parfume le saumon.

Je passe toujours les poissons au sel et à la citronnelle pour obtenir un meilleur assaisonnement à cœur.

Vous pouvez servir ce saumon avec des asperges vertes ou une marmelade de tomates (voir recette p. 25) et également ajouter quelques câpres au vinaigre.

RAVIOLES DE LANGOUSTINES AU BASILIC THAÏ, SAUCE VIERGE THAÏE

Pour 4 personnes (16 ravioles)
Préparation : 40 min
Cuisson totale : 4 min

Pour les raviolis

16 langoustines
1 paquet de raviolis chinois (16 feuilles carrées)
2 jaunes d'œufs
100 g de crème d'artichaut
1 poignée de roquette sauvage
4 brins de basilic thaï (feuilles)
4 feuilles de shiso vert ou rouge

Pour la sauce vierge thaïe

16 tomates cerises de différentes couleurs (jaune, orange, rouge)
1/2 mangue verte
1 citron (jus)
3 cébettes
4 brins de coriandre chinoise
40 g de gingembre mariné (voir recette p. 19)
5 cuil.à soupe d'huile d'olive très fruitée

LES RAVIOLIS

◉ Décortiquer les langoustines et retirer le petit boyau noir. Préparer la roquette, la concasser grossièrement et la mélanger avec la crème d'artichaut. Couper les feuilles de shiso en quatre.

◉ Badigeonner légèrement les bords des feuilles de ravioli avec les jaunes d'œufs détendus avec 2 cuil. à soupe d'eau. Sur chaque feuille, déposer 1 cuil. à café de crème artichaut-roquette, 2 feuilles de basilic thaï, 1 morceau de shiso et 1 langoustine. Replier chaque feuille pour former les ravioles (rectangles).

LA SAUCE VIERGE THAÏE

◉ Couper les tomates cerises en six. Émincer finement les cébettes et la coriandre. Hacher le gingembre mariné. Éplucher la 1/2 mangue verte, tailler quelques fines lamelles à l'aide d'une mandoline, les retailler en fins bâtonnets, puis en petits dés. Mélanger les dés de mangue, le gingembre, les tomates, les herbes et l'huile d'olive.

LA FINITION

◉ Dans un panier vapeur en bambou faire cuire les raviolis 3 à 4 min à la vapeur. L'eau doit bouillir très fort pour obtenir de beaux raviolis bien brillants. Verser le jus du citron dans la sauce vierge thaïe et bien mélanger.

◉ Répartir une partie de la sauce vierge thaïe dans chaque assiette tiède et y disposer 3 ravioles. Napper les ravioles de la sauce vierge restante.

BON À SAVOIR

Prenez le temps d'aller dans les épiceries asiatiques pour acheter le basilic thaï et la coriandre chinoise, car ils ont des saveurs incomparables.

Essayez de trouver des langoustines vivantes ; sinon, choisissez-les les plus brillantes possible, c'est une garantie de fraîcheur indispensable pour la cuisson vapeur.

VARIANTE

Vous pouvez remplacer les langoustines par un homard et, pour la finition, râper un zeste de citron vert non traité.

GAMBAS VAPEUR AU COMBAWA

Pour 4 personnes
Préparation : 30 min
Cuisson totale : 4 min

Pour les gambas
16 gambas de belle taille (8-10 au kg)
1 combawa (zeste)
5 cuil à soupe d'huile d'olive très fruitée
Fleur de sel
2 poivres longs

Pour le condiment
50 g de gingembre frais
1 ou 2 combawas ou citrons verts (jus)
5 cuil. à soupe de saké
5 cuil. à soupe d'huile d'olive

Pour la finition
1 radis noir
4 brins de coriandre (feuilles)
2 tiges de citronnelle

LE CONDIMENT
◉ Peler et tailler le gingembre en tout petits dés. Mélanger tous les ingrédients.

LES GAMBAS
◉ Décortiquer les gambas et retirer le petit boyau noir.
◉ Dans un saladier, assaisonner les gambas avec l'huile d'olive, la fleur de sel, les poivres longs râpés et un peu de zeste de combawa râpé.

LA FINITION
◉ Enlever la première feuille et l'extrémité dures des tiges de citronnelle, puis les couper en deux dans la longueur. Brosser le radis noir, puis, à l'aide d'une mandoline, le tailler en fines tranches de 2 mm.
◉ Disposer les gambas assaisonnées et la citronnelle dans un panier à vapeur en bambou et faire cuire pendant 3 min. Parsemer de coriandre, puis râper de nouveau le zeste de combawa en fin de cuisson (attention, le combawa a un goût très fort). Servir les gambas avec les lamelles de radis noir et le condiment.

BON À SAVOIR
Pour le gingembre et le poivre long, voir p. 23 et 48.

Le combawa est un citron vert dont la peau est fripée. On l'achète généralement davantage pour le parfum de son écorce que pour son jus.

Il existe plusieurs variétés de radis de couleur, que vous trouverez dans les épiceries asiatiques et chez certains maraîchers. Vous pouvez créer un bel effet visuel en les associant.

LÉGUMES VERTS, VAPEUR D'AGRUMES, JUS DE WASABI

Pour 4 personnes
Préparation : 20 min
Infusion : 10 min
Cuisson totale : 10 min

Pour les légumes verts
12 asperges vertes
200 g de petits pois écossés
500 g de fèves
1 tête de brocoli (100 g)
4 oignons fanes de taille moyenne

Pour le jus de wasabi
15 g de wasabi en pâte
1 cédrat ou 2 citrons niçois
2 tiges de citronnelle
4 feuilles de lime (fraîches ou surgelées)
10 cl de bouillon de volaille
5 cl de lait de coco
5 cl de vinaigre de gingembre
(voir recette p. 19)

Pour la finition
2 tiges de citronnelle
Fleurs d'herbes
6 cuil. à soupe d'huile d'olive très fruitée
Sel de céleri

BON À SAVOIR
Pour le wasabi et les feuilles
de lime, voir p. 24 et 44.

Chez votre maraîcher
ou dans votre jardin,
vous trouverez des fleurs
d'herbes : coriandre, cerfeuil,
sauge, thym, fenouil, etc.,
(voir photo p.109).

LES LÉGUMES VERTS
◉ À l'aide d'un couteau économe, éplucher les asperges vertes en enlevant bien les petits « picots ». Tailler les pointes à 2 cm et émincer les queues en biseaux de 5 cm. Écosser les fèves, les blanchir 15 s dans de l'eau bouillante, puis les plonger aussitôt dans de l'eau glacée et enlever les peaux. Détailler les brocolis en petites sommités. Conserver 4 cm de tige et couper les oignons fanes en deux dans la longueur.

LE JUS DE WASABI
◉ À l'aide d'une mandoline, tailler le cédrat en 8 tranches très fines et les répartir dans un plat. Enlever la première feuille et l'extrémité dures des tiges de citronnelle, les couper en deux dans la longueur, puis les émincer finement ainsi que les feuilles de lime.
◉ Porter à ébullition le vinaigre de gingembre et le verser sur les tranches de cédrat. Laisser refroidir.
◉ Porter à ébullition le bouillon de volaille. Ajouter la citronnelle et les feuilles de lime émincées. Laisser infuser à feu doux pendant 10 min. Ajouter le lait de coco et porter de nouveau à ébullition. Mixer avec le wasabi et filtrer.

LA FINITION
◉ Enlever la première feuille et l'extrémité dures des tiges de citronnelle, puis les couper en deux dans la longueur.
◉ Dans un grand plat, mélanger tous les légumes et assaisonner avec le sel de céleri et 5 cuil. à soupe d'huile d'olive. Répartir les légumes dans 2 paniers vapeur en bambou avec les tiges de citronnelle coupées en deux dans la longueur. Faire cuire 4 min à la vapeur.
◉ Dans chaque assiette creuse, répartir les légumes et disposer dessus les lamelles de cédrat. À l'aide d'un mixeur, émulsionner le jus de wasabi jusqu'à ce qu'il soit légèrement mousseux et le verser autour des légumes. Parsemer de fleurs d'herbes et arroser d'un filet d'huile d'olive.

GOUJONNETTES DE SOLE, SAUCE « VITELLO »

Pour 4 personnes (16 à 24 goujonnettes)
Préparation : 20 min
Cuisson totale : 5 à 10 min

Pour les soles
8 filets de sole sans la peau (2 soles entières
de 600 g)
Sel, poivre du moulin

Pour la sauce « Vitello »
2 citrons (jus)
30 g de tomates séchées
1 oignon doux
1 tige de citronnelle
20 g de câpres fines au vinaigre
30 g de cornichons
50 g d'anchois à l'huile (égouttés)
20 g de moutarde jaune japonaise
150 g de mayonnaise
1 cuil. à soupe de gingembre frais
2 cuil. à soupe d'huile d'olive

Pour la panure
100 g de blanc d'œuf
100 g de farine
250 g de chapelure japonaise (flocons)

Pour la finition
3 tiges de cive chinoise
3 brins d'aneth
Huile pour friture

LES SOLES

☞ Couper les filets de sole en deux ou trois bandes dans la longueur (goujonnettes). Assaisonner.

LA SAUCE « VITELLO »

☞ Enlever la première feuille et l'extrémité dures de la tige de citronnelle, puis la couper en deux dans la longueur. Peler l'oignon et l'émincer avec la citronnelle.

☞ Dans une petite sauteuse, faire chauffer l'huile d'olive et y faire suer l'oignon, la citronnelle. Ajouter 1 cuil. à soupe d'eau et laisser cuire à feu doux et à couvert, pendant 5 min. Laisser refroidir et mélanger dans un bol. Mixer tous les ingrédients. Filtrer et réserver.

LA PANURE

☞ Préparer séparément dans trois assiettes la farine, le blanc d'œuf battu mousseux et la chapelure. Passer successivement les goujonnettes dans la farine, le blanc d'œuf et la chapelure, puis bien les secouer pour éliminer le surplus de chapelure.

LA FINITION

☞ Préparer un bain de friture à 180 °C. Plonger les goujonnettes environ 1 min 30 à 2 min dans la friture. Lorsqu'elles ont une belle couleur blonde, les sortir et les égoutter sur du papier absorbant.

☞ Émincer la cive chinoise et l'aneth. Parsemer les goujonnettes d'herbes. Servir avec la sauce « Vitello » et éventuellement avec une salade de pousses d'épinards assaisonnée de vinaigre de pomme et d'huile de sésame.

> **BON À SAVOIR**
> Pour la moutarde jaune japonaise, voir p. 75.
>
> Il faut prendre certaines précautions pour frire des aliments : ne mélangez pas des corps gras d'origine différente, adaptez la température du thermostat en fonction de l'aliment à frire (en ne dépassant jamais 180 °C), faites frire les aliments par petites quantités en les ajoutant délicatement dans l'huile pour éviter les projections, ne plongez pas d'aliments humides, supprimez les excédents de farine pour tempuras ou de panure, ne salez pas au-dessus de la friteuse et surveillez la cuisson.

TEMPURAS DE CREVETTES, CONDIMENT PIPERADE-MOSTARDA

Pour 4 personnes
Préparation : 25 min
Repos au frais : 35 min
Cuisson totale : 25 min + 1 min 30 par fournée

16 gambas de belle taille (10-15 pièces au kg)
Quelques feuilles de sucrine, de coriandre et de menthe

Pour le condiment piperade-mostarda
1 poivron rouge
2 tomates bien mûres
1 oignon doux
3 gousses d'ail nouveau
2 tiges de citronnelle
60 g de mostarda di Cremona
4 cuil. à soupe d'huile d'olive
5 cl de vinaigre de riz

Pour la pâte à tempuras
200 g de farine pour tempuras
32 cl d'eau glacée
Sel, poivre du moulin

LE CONDIMENT PIPERADE-MOSTARDA

* Peler les gousses d'ail et l'oignon. Enlever la première feuille et l'extrémité dures des tiges de citronnelle, puis les couper en deux dans la longueur et les émincer finement ainsi que l'ail et l'oignon. Enlever le pédoncule des tomates et du poivron. Épépiner le poivron et le tailler en dés. Mixer les tomates en jus.
* Dans une sauteuse, faire chauffer l'huile d'olive et y faire suer à feu doux l'ail, l'oignon, la citronnelle et le poivron pendant 5 min à couvert. Ajouter ensuite le vinaigre de riz, le jus de tomate et la mostarda. Porter à ébullition et laisser cuire à feu doux et à couvert environ 20 min jusqu'à obtenir une marmelade bien parfumée. Mixer et filtrer. Laisser refroidir au réfrigérateur pendant 35 min.

LA PÂTE À TEMPURAS

* Mélanger la farine pour tempuras avec l'eau glacée, saler et poivrer. La pâte doit être assez fluide pour obtenir un tempura léger et croustillant.

LA FINITION

* Préparer un bain de friture à 180 °C. Passer les gambas dans la pâte à tempuras, puis les plonger dans la friteuse pendant environ 1 min 30. Les égoutter sur du papier absorbant.
* Dresser les tempura sur chaque assiette avec le condiment et servir avec des feuilles de sucrine, de coriandre et de menthe.

> **BON À SAVOIR**
> Pour la mostarda di Cremona et la friture, voir p. 18 et 70.
>
> La farine pour tempuras s'achète sous forme de préparation prête à l'emploi (à assaisonner ou non), qu'il suffit de diluer avec de l'eau glacée.
>
> **VARIANTE**
> Ces tempuras sont également délicieux avec des langoustines.

CROQUETTES DE PATATES DOUCES, CRABE ET HERBES THAÏES, CONDIMENT ARTICHAUT-PIMENT

Pour 4 personnes (12 croquettes)
Préparation : 30 min
Repos au congélateur : 20 min
Cuisson totale : 25 min + 1 min 30
par fournée

Pour les croquettes
1 ou 2 pattes de crabe d'Alaska surgelées ou
200 g de chair de crabe ou de tourteau
2 patates douces à chair orange de taille
moyenne
1 combawa ou 1 citron vert non traité
3 gousses d'ail
4 brins de basilic thaï (feuilles)
6 brins de coriandre (feuilles)
2 tiges de citronnelle
3 cuil. à soupe d'huile d'olive
5 cl d'huile d'olive très fruitée
Sel de céleri

Pour la panure
100 g de blanc d'œuf
100 g de farine
250 g de chapelure japonaise (flocons)

Pour le condiment artichaut piment
70 g de crème d'artichaut
1/2 citron (jus)
70 g de gelée de piment d'Espelette

Pour la finition
1 trévise ou 1 endive rouge
100 g de mizuna
1/2 citron (jus)
2 tiges de citronnelle
1 cuil. à café d'huile d'olive
Huile pour friture
Sel

> **BON À SAVOIR**
> Pour le crabe, la friture et la gelée de
> piment d'Espelette, voir p. 22, 70 et 86.
>
> La mizuna, aussi appelée « feuille de
> moutarde japonaise » (*mustard-leaf*),
> a une légère saveur poivrée. Ses feuilles
> ressemblent à celles de la roquette.

LES CROQUETTES
- Éplucher les patates douces et les couper en cubes. Enlever la première feuille et l'extrémité dures des tiges de citronnelle, puis les couper en deux dans la longueur. Éplucher les gousses d'ail et les écraser. Émincer les feuilles de basilic thaï et de coriandre.
- Dans une sauteuse, faire chauffer 3 cuil. à soupe d'huile d'olive, puis y faire suer l'ail et la citronnelle quelques minutes. Ajouter ensuite la patate douce et faire cuire à feu doux et à couvert, pendant environ 20 min. Pendant ce temps, effeuiller le basilic thaï et l'émincer avec la coriandre. Une fois la patate douce cuite, l'écraser à la fourchette et bien la dessécher sur le feu. Assaisonner avec le sel de céleri. Hors du feu, ajouter le crabe émietté, le basilic thaï, la coriandre, 4 cuil. à soupe d'huile d'olive et le zeste de combawa râpé. Bien mélanger, puis laisser refroidir. Former 12 petites boulettes de 30 g. Les mettre au congélateur pendant 20 min pour les paner plus facilement.

LA PANURE
- Préparer séparément dans trois assiettes la farine, le blanc d'œuf battu mousseux et la chapelure. Passer successivement les croquettes dans la farine, le blanc d'œuf et la chapelure, puis bien les secouer pour éliminer le surplus de chapelure.

LE CONDIMENT ARTICHAUT-PIMENT
- Mettre tous les ingrédients dans un bol et bien mélanger au fouet.

LA FINITION
- Assaisonner les salades avec l'huile d'olive et le jus du 1/2 citron. Saler.
- Préparer un bain de friture à 180 °C. Plonger les croquettes dans la friture pendant environ 1 min 30. Lorsqu'elles ont une belle couleur blonde, les sortir et les égoutter sur du papier absorbant.
- Dresser les croquettes dans chaque assiette. Disposer les salades et le condiment. Terminer en plantant dans chaque croquette des petits bâtonnets de citronnelle taillés dans les tiges.

RACINES DE LOTUS FRITES,
AÏOLI DE PATATE DOUCE AU GINGEMBRE

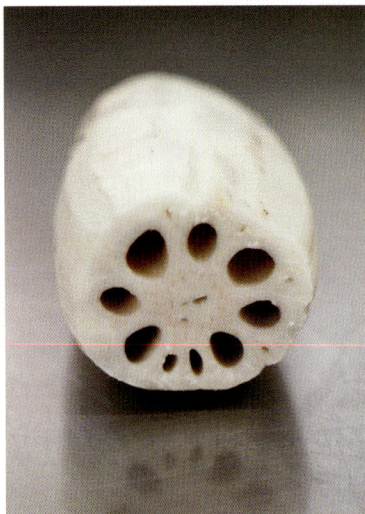

Pour 6 personnes
Préparation : 30 min
Cuisson totale : 25 min + 1 min
par fournée

300 g de racines de lotus
Huile pour friture
Sel, poivre du moulin

Pour l'aïoli de patate douce au gingembre
200 g de patate douce à chair orange
2 citrons (jus)
6 gousses d'ail rose
40 g de gingembre frais
2 tiges de citronnelle
2 brins d'estragon (feuilles)
6 cuil. à soupe d'huile d'olive
Sel, poivre du moulin

Pour la finition
2 tiges de cive chinoise

L'AÏOLI DE PATATE DOUCE ET GINGEMBRE

- Éplucher la patate douce, la couper en deux dans la longueur, puis l'émincer assez finement. Peler et hacher les gousses d'ail rose. Enlever la première feuille et l'extrémité dures des tiges de citronnelle, puis les couper en deux dans la longueur. Peler et hacher le gingembre. Couper les feuilles d'estragon aux ciseaux.
- Dans une sauteuse, faire chauffer 2 cuil. à soupe d'huile d'olive et y faire suer l'ail, la citronnelle et la patate douce. Saler et laisser cuire à feu très doux et à couvert pendant 20 min. Ajouter 2 cl d'eau en cours de cuisson pour éviter la coloration. La patate douce est cuite lorsqu'elle s'écrase facilement à la fourchette.
- Retirer la citronnelle et mixer la patate douce en purée en incorporant 4 cuil. à soupe d'huile d'olive. Rectifier l'assaisonnement. Ajouter le jus des citrons, l'estragon et le gingembre. Bien mélanger.

LES RACINES DE LOTUS FRITES

- Éplucher les racines de lotus. Les couper en tranches de 2 ou 3 mm d'épaisseur.
- Plonger les racines de lotus dans un bain de friture à 180 °C pendant environ 1 min. Lorsqu'elles ont une belle couleur dorée, les sortir et les égoutter sur du papier absorbant. Assaisonner.

LA FINITION

- Émincer la cive chinoise.
- Servir les racines de lotus à l'apéritif, comme des chips à déguster avec l'aïoli parsemé de cive chinoise.

BON À SAVOIR
Pour le gingembre et la friture, voir p. 23 et 70.

Vous trouverez les racines de lotus (voir photo ci-dessus) dans les supermarchés asiatiques. Ces petites chips de lotus peuvent remplacer les croûtons de la soupe de poissons servie avec l'aïoli.

VARIANTE
Vous pouvez remplacer les racines de lotus par de la patate douce blanche ou des topinambours.

CROQUETTES DE LAPEREAU AUX HERBES THAÏES, CONDIMENT MOUTARDE-VIOLETTE-TAMARIN

Pour 4 personnes (12 croquettes)
Préparation : 40 min
Repos au congélateur : 15 min
Cuisson totale : 5 min + 1 min 30
par fournée

Pour les croquettes de lapereau

250 g de chair de lapereau (hachée
par le boucher)
200 g de lard gras de porc (haché
par le boucher)
80 g de champignons shiitaké
ou lentins de chêne
5 tiges de cive chinoise
4 brins de coriandre (feuilles)
3 brins de basilic thaï (feuilles)
1 pincée de poudre satay
50 g de moutarde type Savora
30 g de moutarde jaune japonaise
30 g de confiture de piment d'Espelette
1 cuil. à soupe de sauce nuoc-mâm
3 cuil. à soupe d'huile d'olive

Pour le condiment moutarde-violette-tamarin

50 g de pulpe de tamarin ou 100 g de pâte
de tamarin diluée dans 30 cl d'eau chaude
100 g de moutarde violette
20 g de moutarde jaune japonaise
2 tiges de citronnelle
80 g de gelée de piment d'Espelette
3 cuil. à soupe de vinaigre de riz

Pour la panure

100 g de blanc d'œuf
100 g de farine
250 g de chapelure japonaise (flocons)

Pour la finition

100 g de roquette sauvage
6 radis ronds rouges ou 1 radis *red meat*
1/2 citron (jus)
2 tiges de citronnelle
1 cuil. à café d'huile d'olive
Sel

LES CROQUETTES DE LAPEREAU AUX HERBES THAÏES

- Couper les shiitaké en dés et, dans une poêle, les faire sauter avec l'huile d'olive à feu vif. Ajouter la poudre satay et réserver au réfrigérateur. Émincer la cive chinoise, les feuilles de basilic thaï et de coriandre.
- Mélanger les chairs de lapereau et de porc avec les shiitaké, puis ajouter les herbes, les moutardes, la confiture de piment d'Espelette et la sauce nuoc-mâm. Former 12 petites boulettes de 30 à 40 g. Les mettre au congélateur pendant 15 min.

LE CONDIMENT MOUTARDE-VIOLETTE-TAMARIN

- Enlever la première feuille et l'extrémité dures des tiges de citronnelle, les couper en deux dans la longueur, puis les émincer finement. Mixer les moutardes, la pulpe de tamarin, la gelée de piment, le vinaigre de riz et la citronnelle. Filtrer.

LA PANURE

- Voir p. 72 (Le blanc d'oeuf permet d'obtenir un meilleur croustillant.)

LA FINITION

- Enlever la première feuille et l'extrémité dures des tiges de citronnelle, puis les couper en 12 fins bâtonnets. À l'aide d'une mandoline, tailler les radis en lamelles de 2 à 3 mm d'épaisseur. Assaisonner les lamelles de radis et les feuilles de roquette sauvage avec le jus du citron, l'huile d'olive et le sel.
- Préparer un bain de friture à 180 °C pendant environ 1 min 30. Plonger les croquettes dans la friture. Lorsqu'elles ont une belle couleur blonde, les sortir et les égoutter sur du papier absorbant.
- Dresser sur chaque assiette 3 croquettes piquées chacune de 1 bâtonnet de citronnelle. Disposer à côté 3 cuil. à café de condiment, les radis et la roquette.

> **VARIANTE**
> Pour la gelée de piment d'Espelette, voir p. 86.
>
> Si vous ne trouvez pas de moutarde jaune japonaise (disponible dans les supermarchés asiatiques), remplacez-la par un mélange de 100 g de moutarde type Savora, de 1/4 de bouteille de Tabasco et de 40 g de gingembre frais.

FLEURS DE COURGETTES ET RÂPÉE DE COURGETTES EN TEMPURA, CONDIMENT RAIFORT-PIMENT

Pour 4 personnes
Préparation : 20 min
Cuisson totale : 1 min 30 par fournée

4 fleurs de courgettes fraîchement cueillies
3 courgettes vertes, de petite taille et
bien jeunes
3 courgettes jaunes, de petite taille et
bien jeunes
Sel de céleri
Poivre du moulin

Pour la pâte à tempuras
100 g de farine pour tempuras
16 cl d'eau glacée

Pour le condiment raifort-piment
80 g (soit 1 pot) de raifort
40 g de gelée de piment d'Espelette
2 citrons (jus)
2 cuil. à soupe de gingembre mariné (voir
recette p. 19)

Pour la finition
30 belles feuilles de basilic thaï
30 belles feuilles de coriandre
Huile pour friture

◉ Détacher les fleurs des courgettes. Bien ouvrir les fleurs en éventail. Tailler les courgettes vertes et jaunes en lanières. Les placer dans un plat et les assaisonner avec le sel de céleri et le poivre, puis former des petits paquets de 15 à 20 g.

LE CONDIMENT RAIFORT-PIMENT
◉ Mixer le raifort, la gelée de piment et le jus des citrons. Ajouter le gingembre mariné haché et bien mélanger.

LA PÂTE À TEMPURAS
◉ Mélanger la farine pour tempura avec l'eau glacée. La pâte doit être assez fluide pour obtenir un tempura léger et croustillant.

LA FINITION
◉ Préparer un bain de friture à 180 °C. Passer les lanières de courgettes et les fleurs dans la pâte à tempuras, puis les plonger dans la friteuse pendant environ 1 min 30. Égoutter sur du papier absorbant.

◉ Servir avec le condiment et les feuilles de basilic thaï et de coriandre. Déguster chaque tempura de courgette avec les feuilles d'herbes et le condiment (comme des nems).

ENCORNETS GRILLÉS
À LA CITRONNELLE, VINAIGRETTE
SÉSAME-PIMENT ● PINTADE
FERMIÈRE, CONDIMENT DATTE-
CITRON-SÉSAME ● COCOTTE DE
MOULES DE BOUCHOT
ET COCOS DE PAIMPOL ● JOUES DE
VEAU AUX TOMATES, AUBERGINES
ET CÈPES ● LOTTE AUX CÂPRES,
CONDIMENT TOMATE-GALANGA ●
AILERONS DE VOLAILLE LAQUÉS,

PLATS

CORIANDRE-PIMENT-GINGEMBRE ●
MAQUEREAUX GRILLÉS LAQUÉS,
AGRUMES MISO ● FOIE GRAS
GRILLÉ, CONDIMENT RHUBARBE-
GINGEMBRE ● HOMARDS RÔTIS,
TOMATES CONFITES, CONDIMENT
AGRUMES-WASABI-CURCUMA

ze kitchen
galerie
restaurant

PLATS

Les assiettes de William Ledeuil sont des mikados. Une nouvelle géographie culinaire où s'enchevêtrent méridiens et parallèles, donnant l'illusion d'un désordre ordonné. Un « bordel organisé », dit-il souvent. Ses plats sont bien loin des jardins à la français tout en artifices et symétries que dressent les chefs de palace, où la nature est forcée, manucurée. *« Il n'y a rien de plus beau qu'un légume taillé en deux, juste posé, face coupée vers le haut, sans autre maniérisme. J'aime que les produits s'expriment, je ne les contrains pas ».* La couleur, aussi : jamais de carnaval bariolé mais des pantones délicats, où les contrastes et les assortiments sont déployés avec un œil nourri d'art contemporain.

Le goût, enfin : pointu, aigu, tâtant du piquant, du poivré, de l'acide. Au fondement de cette architecture gustative, un élément primordial : les condiments. Le chef en tient des listes de recettes interminables, dosées au gramme près. Mais rien de superflu. Le saupoudrage et la juxtaposition, pas le genre de la maison. Chaque touche où s'entrelacent rhizomes, piments et agrumes, a sa raison d'être.

« C'est le condiment qui fait la différence, il sert non seulement à booster le goût mais il fait le lien entre tous les composants d'une assiette ».

ENCORNETS GRILLÉS À LA CITRONNELLE,
VINAIGRETTE SÉSAME-PIMENT

Pour 4 personnes
Préparation : 30 min
Cuisson totale : 10 min

12 asperges vertes
4 oignons fanes
Pour les encornets
8 encornets préparés et vidés par
le poissonnier
3 tiges de citronnelle
4 brins de basilic thaï (feuilles)
4 cuil. à soupe d'huile d'olive
Sel de céleri

Pour la vinaigrette sésame-piment
2 citrons (jus)
1 tige de citronnelle
2 cuil. à soupe de gelée de piment
d'Espelette
4 cuil. à soupe de vinaigre balsamique blanc
ou de vinaigre doux
4 cuil. à soupe d'huile de sésame

☞ Enlever la première feuille et l'extrémité dures de 2 tiges de citronnelle, les couper en quatre, puis les placer sur les encornets. Éplucher les oignons fanes et les couper en quatre. À l'aide d'un couteau économe, éplucher les asperges en enlevant les petits « picots », puis les couper en deux dans la longueur, sans abîmer les pointes. Réserver au réfrigérateur.

LA VINAIGRETTE SÉSAME-PIMENT

☞ Enlever la première feuille et l'extrémité dures de la tige de citronnelle, la couper en deux dans la longueur, puis l'émincer finement. Mixer tous les ingrédients, filtrer et réserver au réfrigérateur.

LA FINITION

☞ Enlever la première feuille et l'extrémité dures des 2 tiges de citronnelle restantes, puis les couper en deux dans la longueur.
☞ Dans une grande poêle antiadhésive, faire chauffer 2 cuil. à soupe d'huile d'olive avec 1 tige de citronnelle et y faire colorer les encornets sur chaque face pendant environ 1 à 2 min. Les encornets doivent rester bien tendres.
☞ Dans une autre poêle, faire chauffer 2 cuil. à soupe d'huile d'olive avec la seconde tige de citronnelle et y faire cuire à feu doux et à couvert les asperges et les oignons fanes pendant 2 à 3 min. Remuer régulièrement et assaisonner avec le sel de céleri. Hors du feu, ajouter la moitié des feuilles du basilic thaï dans les encornets et l'autre moitié dans les légumes. Répartir les encornets et les légumes dans chaque assiette et arroser de vinaigrette.

BON À SAVOIR

Préférez des petits encornets de 300 g et exigez une fraîcheur absolue. Les encornets doivent être juste colorés : ne les laissez pas cuire trop longtemps, ils deviendraient caoutchouteux.

Vous trouverez l'huile de sésame dans les épiceries et supermarchés asiatiques et le vinaigre balsamique blanc dans les épiceries italiennes.

VARIANTE

Si vous ne trouvez pas de vinaigre balsamique blanc, vous pouvez le remplacer par du vinaigre de pomme ou de cidre mélangé avec 1 cuil. à café de sucre ou par du vinaigre de riz mélangé avec 1 cuil. à café de sucre roux.

PINTADE FERMIÈRE, CONDIMENT DATTE-CITRON-SÉSAME

Pour 4 personnes
Préparation : 30 min
Repos : 10 à 15 min
Cuisson totale : 40 à 50 min

Pour le condiment datte-citron-sésame
100 g de dattes medjool dénoyautées
3 citrons (jus)
1/2 citron confit
1 cuil. à soupe de pâte de sésame blanc
50 g de gingembre frais
7 cl de bouillon de volaille
25 g de gelée de piment d'Espelette

Pour la garniture
4 petites betteraves rouges
6 mini-poireaux
2 navets jaunes « Boule d'or »
4 brins de coriandre chinoise
2 cuil. à soupe d'huile d'olive
Sel

Pour les suprêmes de pintade
4 suprêmes de pintade
40 g de beurre
1 citron (jus)
3 gousses d'ail
40 g de galanga
2 tiges de citronnelle
3 cl de lait de coco
4 cl de bouillon de volaille
2 cuil. à soupe d'huile d'olive

BON À SAVOIR
Pour le galanga, voir p. 51.

Vous trouverez la pâte de sésame blanc, le citron confit et les dattes medjool dans les épiceries japonaises ou orientales.

VARIANTE
Si vous n'avez pas de gelée de piment d'Espelette, remplacez-la par de la marmelade de citrons et 1 poivron confit.

LE CONDIMENT DATTE-CITRON-SÉSAME
◉ Éplucher et émincer le gingembre. Mixer tous les ingrédients et filtrer. Réserver au réfrigérateur.

LA GARNITURE
◉ Éplucher les betteraves et les navets. Laver soigneusement les poireaux. Émincer la coriandre. Couper les betteraves en tranches d'environ 1,5 à 2 cm d'épaisseur et les navets en quartiers.
◉ Faire cuire à la vapeur les betteraves pendant environ 20 min et les poireaux pendant 4 min.
◉ Faire cuire dans de l'eau bouillante salée les navets pendant 3 à 4 min.
◉ Assaisonner les légumes avec l'huile d'olive.

LES SUPRÊMES DE PINTADE
◉ Préchauffer le four à 120 °C (th. 4).
◉ Peler le galanga et les gousses d'ail. Écraser l'ail. Enlever la première feuille et l'extrémité dures des tiges de citronnelle, les couper en deux dans la longueur, puis les émincer très finement ainsi que le galanga et l'ail.
◉ Dans une sauteuse, faire chauffer l'huile d'olive et y faire colorer les suprêmes côté peau. Les retirer une fois colorés. Dans la même sauteuse, faire suer l'ail, la citronnelle et le galanga.
◉ Remettre les suprêmes dans la sauteuse et enfourner pour 8 à 10 min. Ajouter le beurre en fin de cuisson et bien arroser les suprêmes. Sortir les suprêmes du four et les laisser reposer sur une grille à température ambiante pendant 10 à 15 min. Réserver le jus de cuisson. Verser le jus du citron pour dissoudre les sucs de cuisson caramélisés (déglacer). Ajouter le bouillon et laisser cuire à feu doux pendant 5 min. Ajouter le lait de coco et porter à ébullition. Mixer et filtrer.
◉ Faire tiédir les légumes ensemble, à l'exception des betteraves rouges chauffées séparément, et parsemer de coriandre émincée hors du feu.

LA FINITION
◉ Dresser les suprêmes de volaille avec le condiment, le jus de cuisson des suprêmes et les légumes.

COCOTTE DE MOULES DE BOUCHOT ET COCOS DE PAIMPOL

Pour 4 personnes
Préparation : 40 min
Cuisson totale : 1 h

Pour les moules
1 kg de moules de bouchot
50 g de galanga
2 échalotes
2 tiges de citronnelle
Poivre du moulin

Pour les cocos de Paimpol
300 g de cocos de Paimpol écossés
50 g de galanga
1 oignon doux
2 gousses d'ail
2 tiges de citronnelle
1,5 litre de bouillon de volaille
3 cuil. à soupe d'huile d'olive
Fleur de sel
Poivre du moulin

Pour le jus
1 citron (jus)
50 g de galanga
2 tiges de citronnelle
6 feuilles de lime (fraîches ou surgelées)
20 cl de lait de coco

Pour la finition
2 brins de basilic thaï (feuilles)
2 brins de coriandre chinoise

> **BON À SAVOIR**
> Pour les feuilles de lime, voir p. 44.
>
> Le coco de Paimpol (à mon goût, le meilleur haricot) donne un jus de cuisson délicieux et se marie à merveille avec les produits de la mer.
>
> Achetez en grande quantité la citronnelle, le galanga ou les feuilles de lime et congelez des « kits aromatiques ».

> **VARIANTE**
> Vous pouvez ajouter des gambas ou des langoustines grillées et, avant de fermer la cocotte, râper un zeste de combawa qui dégagera de subtils parfums.

LES MOULES

- Laver et brosser les moules. Peler et émincer le galanga et les échalotes. Enlever la première feuille et l'extrémité dures des tiges de citronnelle, les couper en deux dans la longueur, puis les émincer très finement.
- Dans une grande casserole, réunir tous les ingrédients. Verser un verre d'eau. Poivrer et faire cuire à feu vif et à couvert pendant environ 4 min jusqu'à ce que les moules soient ouvertes. Les égoutter et récupérer le jus. Décortiquer les moules, filtrer le jus et réserver au réfrigérateur.

LES COCOS DE PAIMPOL

- Peler l'oignon et les gousses d'ail, puis les couper en quartiers. Éplucher le galanga. Coupez les tiges de citronnelle en deux dans la longueur. Émincer très finement le galanga.
- Dans une grande casserole, faire chauffer l'huile d'olive et y faire suer l'oignon, l'ail, la citronnelle et le galanga. Ajouter les cocos de Paimpol et le bouillon. Porter à ébullition et assaisonner. Faire cuire à feu doux pendant 45 min. Assaisonner. Laisser refroidir dans le bouillon. Les cocos doivent être fondants. Les égoutter et réserver le jus de cuisson.

LE JUS

- Couper en deux les tiges de citronnelle dans la longueur, puis les émincer très finement ainsi que le galanga et les feuilles de lime.
- Mélanger 10 cl de jus de cuisson des moules avec 10 cl de jus de cuisson des cocos. Porter à ébullition. Ajouter le galanga, la citronnelle et les feuilles de lime. Laisser infuser environ 15 min à feu doux. Verser le lait de coco et laisser cuire pendant 5 min. Hors du feu, ajouter le jus du citron. Mixer et filtrer.

LA FINITION

- Dans une cocotte, faire chauffer les cocos avec 1 louche de jus. Faire tiédir les moules avec 1 louche de jus et les ajouter aux cocos de Paimpol. Parsemer de feuilles de basilic thaï et de coriandre émincée, puis ajouter la citronnelle coupée en deux. À l'aide d'un mixeur, émulsionner le jus et le verser sur les cocos de Paimpol et les moules, puis fermer la cocotte.

JOUES DE VEAU AUX TOMATES, AUBERGINES ET CÈPES

Pour 4 personnes
Préparation : 40 min
Cuisson totale : 1 h 50

Pour les joues de veau

8 joues de veau
2 oignons doux
4 gousses d'ail
3 bulbes de galanga
6 tiges de citronnelle
1 piment-oiseau
50 cl de jus de tomate fraîche (tomates mixées et filtrées)
1 litre de bouillon de volaille
120 g de gelée de piment d'Espelette
80 g de moutarde type Savora
50 cl de vinaigre de riz
5 cuil. à soupe d'huile d'olive
Sel, poivre du moulin

Pour la garniture

2 petites aubergines
4 cèpes
3 cébettes
2 brins de basilic thaï (feuilles)
4 cuil. à soupe d'huile d'olive

BON À SAVOIR

Commandez à l'avance les joues de veau à votre boucher ou tripier, car c'est un morceau assez rare.

La gelée de piment d'Espelette donne une belle texture à ce jus.

VARIANTE

Vous pouvez réaliser cette recette avec de la joue de porc ou de bœuf et utiliser d'autres herbes telles que l'estragon et la coriandre.

Vous pouvez remplacer la gelée de piment d'Espelette par 10 cl de mirin, 1 piment doux et 1 piment-oiseau épépinés.

LES JOUES DE VEAU

- Préchauffer le four à 150 °C (th. 5).
- Peler l'ail, les oignons et le galanga. Les émincer ainsi que 2 bulbes de galanga. Enlever la première feuille et l'extrémité dures de 4 tiges de citronnelle et les couper en deux dans la longueur. Les émincer très finement. Épépiner le piment-oiseau.
- Mettre les joues de veau dans une grande casserole, couvrir d'eau. Porter à ébullition, puis retirer les joues de la casserole et les faire refroidir sous l'eau froide.
- Dans une cocotte, faire chauffer l'huile d'olive et y faire colorer les joues de veau sur chaque face. Retirer la viande et ajouter l'ail, les oignons, le galanga et la citronnelle. Faire suer pendant 5 min à feu doux. Verser le vinaigre de riz (déglacer), puis le bouillon, le jus de tomate, la gelée de piment et la moutarde. Bien mélanger. Remettre dans la cocotte les joues de veau et ajouter le piment-oiseau. Porter à ébullition. Couvrir et enfourner pour environ 1 h 30. (La pointe du couteau doit s'enfoncer facilement dans la viande). Débarrasser les joues et filtrer le jus dans une autre cocotte, en pressant bien pour extraire les parfums.
- Coupez les 2 tiges de citronnelle restantes en deux dans la longueur, puis les émincer très finement. Éplucher le dernier bulbe de galanga et l'émincer.
- Faire infuser le galanga et la citronnelle dans le jus de veau et laisser réduire à feu doux. Mixer le jus et filtrer.

LA GARNITURE

- Préchauffer le gril.
- Nettoyer le pied des cèpes (voir p. 25). Les couper dans la longueur en lamelles de 4 mm ainsi que les aubergines. Émincer finement les cébettes.
- Dans une poêle antiadhésive, faire chauffer l'huile d'olive et y faire colorer sur chaque face les cèpes et les aubergines. Les placer sur une plaque, assaisonner et terminer la cuisson au gril à 80 °C (th. 2-3) pendant 4 à 5 min.

LA FINITION

- Faire mijoter les joues de veau dans le jus, les parsemer de la moitié des cébettes et du basilic thaï. Servir avec les cèpes et les aubergines parsemés des cébettes et du basilic thaï restants.

LOTTE AUX CÂPRES, CONDIMENT TOMATE-GALANGA

Pour 4 personnes
Préparation : 45 min
Cuisson totale : 45 min

Pour le condiment aux câpres

80 g de câpres à queue

50 g d'olivettes de Nice ou olives vertes
de Lucques

80 g de gingembre mariné (voir recette p. 19)

2 oignons fanes

5 cuil. à soupe d'huile d'olive

Pour la lotte

4 médaillons de 40 à 50 g

2 tiges de citronnelle

3 cuil. à soupe d'huile d'olive

Fleur de sel

Pour le condiment tomate-galanga

6 tomates mûres (1 kg environ)

2 bulbes de galanga

3 gousses d'ail

1 oignon doux

2 tiges de citronnelle

50 g de gingembre frais

10 cl de vinaigre de riz

Sel, poivre du moulin

5 cuil. à soupe d'huile d'olive

BON À SAVOIR
Les câpres à queue, disponibles dans les épiceries italiennes, sont délicieuses. À défaut, remplacez-les par des câpres fines au vinaigre.

Vous pouvez préparer le gingembre mariné en grande quantité. Il vous servira pour d'autres recettes et son jus est excellent pour réaliser une vinaigrette.

VARIANTE
Vous pouvez réaliser cette recette avec des filets de sole ou de barbue et ajouter une noix de beurre en fin de cuisson du poisson pour qu'il ait une belle coloration.

LE CONDIMENT AUX CÂPRES
◉ Couper les câpres en deux. Émincer les oignons fanes. Couper le gingembre mariné en lamelles. Dénoyauter et couper les olives en quatre, puis les mélanger avec les lamelles de gingembre, les câpres, les oignons fanes et l'huile d'olive.

LE CONDIMENT TOMATE-GALANGA
◉ Enlever le pédoncule des tomates et les couper en morceaux. Mixer et filtrer. Peler les gousses d'ail, l'oignon, le gingembre et le galanga. Enlever la première feuille et l'extrémité dures des tiges de citronnelle, les couper en deux dans la longueur, puis les émincer très finement ainsi que l'ail, l'oignon, le gingembre et le galanga.

◉ Dans une sauteuse, faire chauffer l'huile d'olive et y faire suer l'ail, l'oignon, le gingembre, le galanga et la citronnelle. Ajouter le jus de tomate et le vinaigre de riz. Assaisonner. Porter à ébullition, puis faire cuire à feu doux pendant 30 à 40 min jusqu'à obtenir un coulis onctueux et très goûteux. Mixer et filtrer.

LA LOTTE
◉ Enlever la première feuille et l'extrémité dures des tiges de citronnelle, puis les couper en deux dans la longueur.

◉ Dans une poêle antiadhésive, faire chauffer l'huile d'olive et y faire colorer les médaillons de lotte avec la citronnelle pendant environ 4 min. Retourner régulièrement les médaillons pour obtenir une belle coloration. Réserver sur une assiette chaude et laisser reposer. La lotte sera plus moelleuse.

LA FINITION
◉ Sur chaque assiette, dresser le condiment tomate-galanga et disposer les lottes. Les assaisonner. Sur chaque médaillon, ajouter 1 cuil. à soupe de condiment de câpres.

AILERONS DE VOLAILLE LAQUÉS, CORIANDRE-PIMENT-GINGEMBRE

Pour 4 personnes
Préparation : 20 min
Cuisson totale : 45 min

Pour les ailerons de volaille
20 ailerons de poulet
3 gousses d'ail
3 tiges de citronnelle
1 piment doux rouge
4 brins de coriandre (feuilles)
2 bulbes de gingembre frais (de préférence jeune)
4 cuil. à soupe de bouillon de volaille
3 cuil. à soupe d'huile d'olive
Sel, poivre du moulin

Pour le teriyaki
20 cl de sauce teriyaki
3 gousses d'ail
2 tiges de citronnelle
40 g de gingembre frais (de préférence jeune)
2 cuil. à soupe de moutarde type Savora
1 cuil. à soupe de miel liquide
1 cuil. à soupe d'huile d'arachide

BON À SAVOIR
La sauce teriyaki est utilisée ici pour laquer les ailerons de volaille, mais vous pouvez en préparer une quantité plus importante qui vous servira pour d'autres recettes. Vous pouvez accompagner ces ailerons de volaille de petits pois et d'asperges. Demandez à votre volailler la médiane de l'aileron si possible.

Privilégiez le gingembre jeune (sa peau est claire, presque blanche), car il est beaucoup plus juteux et plus parfumé (voir photo p. 128).

VARIANTE
Vous pouvez aussi décliner cette recette avec des cuisses de caille.

LE TERIYAKI
- Peler les gousses d'ail et le gingembre. Enlever la première feuille et l'extrémité dures des tiges de citronnelle, les couper en deux dans la longueur, puis les émincer très finement ainsi que l'ail et le gingembre.
- Dans une casserole, mélanger la sauce teriyaki avec l'ail, le gingembre, la citronnelle, la moutarde et le miel. Porter à ébullition, puis faire cuire à feu doux pendant 15 min. Ajouter avec l'huile d'arachide. Mixer et filtrer.

LES AILERONS DE VOLAILLE
- Préchauffer le four à 120 °C (th. 4).
- Épépiner le piment doux et le couper en rondelles. Éplucher le gingembre, le tailler en lamelles, puis en filaments fins. Enlever la première feuille et l'extrémité dures des tiges de citronnelle, les couper en deux dans la longueur. Peler les gousses d'ail et le couper en quatre.
- Dans une cocotte, faire chauffer l'huile d'olive avec la citronnelle et l'ail. Ajouter les ailerons de volaille et les faire colorer sur chaque face, puis les faire rôtir à feu doux et à couvert avec le bouillon de volaille. Remuer régulièrement, puis enfourner pour 20 à 25 min. Hors du four, ajouter 4 ou 5 cuil. de teriyaki et en enrober les ailerons. Remettre au four pour 3 min. Ajouter les filaments de gingembre et les rondelles de piment. Assaisonner.
- Servir avec les feuilles de coriandre et napper les ailerons de 1 cuil. à soupe de teriyaki.

MAQUEREAUX GRILLÉS LAQUÉS, AGRUMES MISO

Pour 4 personnes
Préparation : 30 min
Trempage : 10 min
Cuisson totale : 35 min

12 asperges blanches
2 sucrines
1 tige de citronnelle
3 tiges de cive chinoise ou 3 brins d'aneth
4 cuil. à soupe d'huile d'olive
Sel de céleri

Pour le laquage
3 citrons (jus)
5 kumquats
2 tiges de citronnelle
10 cl de vinaigre de gingembre (voir recette
p. 19)
30 g de gingembre mariné (voir recette p. 19)
35 g de miso blanc doux
80 g de gelée de piment d'Espelette

Pour les maquereaux
8 beaux maquereaux de 200 à 300 g chacun
2 cuil. à soupe d'huile d'olive

BON À SAVOIR
Pour la gelée de piment d'Espelette
et le miso, voir p. 86 et 119.

N'achetez les maquereaux qu'en
saison (de mai à septembre), car
ils doivent être d'une fraîcheur
irréprochable.

Préférez toujours ce mode de
cuisson pour les asperges (plutôt
qu'à l'eau bouillante salée) : elles
auront un goût incomparable.

VARIANTE
Vous pouvez remplacer les
maquereaux par des rougets-barbets
ou de la bonite (d'une fraîcheur
absolue).

◉ À l'aide d'un couteau économe, éplucher les asperges blanches et les laisser tremper dans l'eau pendant 10 min pour bien laver les pointes. Enlever la première feuille et l'extrémité dures de la tige de citronnelle, la couper en deux dans la longueur. Émincer la cive chinoise.

◉ Dans une sauteuse, faire chauffer l'huile d'olive et y faire suer la citronnelle, puis faire rôtir les asperges à feu doux et à couvert pendant environ 10 min. Assaisonner avec le sel de céleri. Ajouter 1 ou 2 cuil. à soupe d'eau si nécessaire. Les asperges doivent être fondantes. Réserver.

◉ Couper les sucrines en quatre et les faire colorer 30 s dans le sautoir des asperges.

LE LAQUAGE

◉ Enlever la première feuille et l'extrémité dures des tiges de citronnelle, les couper en deux dans la longueur, puis les émincer très finement. Couper en petits morceaux les kumquats et les épépiner.

◉ Dans une casserole, faire réduire d'un tiers, à feu doux, le jus des citrons, le vinaigre de gingembre, la citronnelle, les kumquats, le gingembre mariné et la gelée de piment. Ajouter le miso et faire cuire à feu doux pendant 2 à 3 min. Mixer et filtrer. Laisser refroidir.

LES MAQUEREAUX

◉ Préchauffer le gril.

◉ Dans une poêle antiadhésive, faire chauffer 2 cuil. à soupe d'huile d'olive et poêler les maquereaux côté peau. Faire dorer la peau, puis laisser cuire les maquereaux pendant 3 à 4 min selon la taille des poissons. Retourner les maquereaux sur une assiette chaude et les laisser reposer. Les badigeonner avec le laquage, puis les passer sous le gril à 80 °C (th. 2-3) pendant 1 min.

LA FINITION

◉ Sur chaque assiette, dresser les asperges blanches et les sucrines, puis disposer les maquereaux. Parsemer de cive chinoise, arroser de l'huile d'olive restante et de 1 cuil. à soupe de laquage.

FOIE GRAS GRILLÉ, CONDIMENT RHUBARBE-GINGEMBRE

Pour 4 personnes
Préparation : 20 min
Cuisson totale : 30 min

2 nectarines blanches ou jaunes
100 g de pousses d'épinards
1 petit oignon rouge
1 cuil. à soupe d'huile de sésame
1 cuil. à soupe de vinaigre de cidre ou
de pomme
Sel de céleri

Pour le condiment rhubarbe-gingembre
400 g de rhubarbe
60 g de gingembre frais
1 oignon doux
2 tiges de citronnelle
50 g de sucre de palme
100 g de mostarda di Cremona
5 cl de mirin
5 cl de vinaigre de riz
3 cuil. à soupe d'huile d'olive

Pour le foie gras
8 tranches de foie gras de 50 g chacune
Fleur de sel
Poivre du moulin

☙ Détailler les nectarines en 6 quartiers. Mélanger l'huile de sésame et le vinaigre. Peler l'oignon rouge et le couper en rondelles très fines.

LE CONDIMENT RHUBARBE-GINGEMBRE
☙ Enlever la première feuille et l'extrémité dures des tiges de citronnelle, les couper en deux dans la longueur, puis les émincer très finement. Peler la rhubarbe, l'oignon et le gingembre, puis les émincer.
☙ Dans une sauteuse, faire chauffer l'huile d'olive et y faire suer à feu doux et à couvert l'oignon avec 2 cuil. à soupe d'eau pendant 3 à 4 min.
☙ Dans une casserole, porter à ébullition le vinaigre de riz, le mirin, la mostarda et le sucre de palme. Ajouter la rhubarbe, l'oignon sué, le gingembre et la citronnelle. Faire compoter à feu doux et à couvert pendant 15 à 20 min pour obtenir un bel équilibre acidité/fraîcheur/sucré. Mixer et filtrer.

LE FOIE GRAS
☙ Dans une poêle très chaude, faire griller à feu vif les tranches de foie gras pendant 30 s de chaque côté, les assaisonner et les déposer sur du papier absorbant.

LA FINITION
☙ Assaisonner les pousses d'épinards avec le sel de céleri et le mélange vinaigre-sésame. Ajouter les lamelles d'oignon rouge.
☙ Essuyer avec un papier absorbant la poêle des foies gras et faire colorer pendant 30 s de chaque côté les nectarines.
☙ Sur chaque assiette, dresser le condiment, puis disposer les foies gras, les pousses d'épinards et les nectarines.

BON À SAVOIR
Pour la mostarda di Cremona, voir p. 18.

Exigez un foie gras d'excellente qualité lorsque vous devez le poêler. Achetez-le de préférence chez un volailler.

Choisissez des nectarines à peine mûres.

Vous trouverez le mirin, le vinaigre de riz et l'huile de sésame dans les épiceries japonaises.

VARIANTE
Vous pouvez remplacer les nectarines par des mirabelles, et la rhubarbe par des pêches selon vos envies et la saison.

HOMARDS RÔTIS, TOMATES CONFITES, CONDIMENT AGRUMES-WASABI-CURCUMA

Pour 4 personnes
Préparation : 25 min
Cuisson totale : 1 h 10

Pour les homards
2 homards (de préférence bretons)
de 800 g chacun
2 gousses d'ail
2 tiges de citronnelle
2 brins de coriandre ou
de basilic thaï (feuilles)
4 cuil. à soupe d'huile d'olive
Fleur de sel

Pour les tomates confites
24 tomates cerises
3 gousses d'ail nouveau
2 brins de basilic thaï (feuilles)
2 tiges de citronnelle
5 cuil. à soupe d'huile d'olive
Fleur de sel

Pour le condiment agrumes-wasabi-curcuma
4 citrons (jus)
2 oranges (jus)
20 g de pâte de wasabi
1 bulbe de curcuma
2 tiges de citronnelle
5 cl d'huile d'olive

> **BON À SAVOIR**
> Pour le wasabi, voir p. 24.
>
> Choisissez des tomates cerises
> de différentes couleurs pour
> un effet visuel réussi et réalisez
> les recettes à base de tomates
> (de début juillet à fin septembre)
> de préférence en été.

LES TOMATES CONFITES

- Préchauffer le four à 150 °C (th. 5).
- Couper les tomates cerises en deux. Peler et émincer les gousses d'ail. Enlever la première feuille et l'extrémité dures des tiges de citronnelle, puis les couper en deux dans la longueur.
- Dans un saladier, assaisonner les tomates avec l'ail, la citronnelle, les feuilles de basilic thaï, l'huile d'olive et la fleur de sel. Les ranger dans un plat à gratin, face coupée vers le haut, et enfourner pour 10 min, puis baisser la température à 90 °C (th. 3) pendant 45 min à 1 h. Arroser les tomates avec le jus de cuisson plusieurs fois. Les laisser refroidir dans le four ouvert.

LE CONDIMENT AGRUMES-WASABI-CURCUMA

- Enlever la première feuille et l'extrémité dures des tiges de citronnelle, les couper en deux dans la longueur, puis les émincer très finement. Peler le curcuma et l'émincer.
- Dans une casserole, faire réduire de moitié le jus des oranges et des citrons, la citronnelle et le curcuma. Mixer avec la pâte de wasabi et l'huile d'olive. Filtrer.

LES HOMARDS

- Enlever la première feuille et l'extrémité dures des tiges de citronnelle, puis les couper en deux dans la longueur. Peler les gousses d'ail et les écraser.
- Couper les homards en deux dans la longueur. Dans une sauteuse, faire chauffer l'huile d'olive et les faire colorer côté carapace. Assaisonner avec la fleur de sel. Disposer les homards dans un grand plat avec l'ail et la citronnelle et enfourner pour environ 6 min à 160 °C (th. 5-6). Détacher les pinces et les laisser encore cuire pendant 2 min.

LES HOMARDS

- Décortiquer les homards, les napper avec le condiment, parsemer de feuilles de coriandre ou de basilic thaï et arroser du jus de cuisson des tomates. Servir les tomates confites à part.

ORECCHIETTE AU PISTOU, JAMBON
IBÉRIQUE ET BASILIC THAÏ ◈
SALADE DE NOUILLES UDON,
POUTARGUE-FÈVES-ESTRAGON,
VINAIGRETTE SÉSAME ◈ LINGUINE
AUX MOULES DE BOUCHOT ET
GAMBAS SAUTÉES ◈ GNOCCHI
SARDI, BOUILLON DE PARMESAN ◈
CASARECCIA TOMATES-
CORIANDRE-MANCHEGO ◈ PENNE
AUX GAMBAS, ARTICHAUTS ET
ALGUE NORI ◈ CONCHIGLIE FARCIES

PÂTES

AUX CHAMPIGNONS, JUS DE
ROQUETTE ET CERFEUIL ◈
MACARONIS ET GIROLLES, JUS DE
PERSIL-GALANGA ◈ LASAGNES,
MARMELADE DE TOMATES, PISTOU
ET MOZZARELLA

PÂTES

Ledeuil et les pâtes, ce fut d'abord un rendez-vous raté. Au début des années 2000, alors qu'il fouille dans une épicerie japonaise du quartier Sainte-Anne à Paris, il tombe sur des *soba*, ces fameuses nouilles brunes confectionnées à partir de farine de sarrasin. Il les revisite dans un bouillon d'herbes au *krachai*, un rhizome ocre qui rappelle le gingembre. Puis débarque, quelques mois plus tard, dans l'une des meilleures cantines à *soba*, à Tokyo. Le cuisinier nippon moud ses propres céréales, pétrit sa pâte, coupe ses nouilles à la main. Face à la tradition artisanale, les variétés industrielles des échoppes parisiennes ne pèsent pas lourd. Plus question alors pour William d'y retoucher dans son restaurant.

Ledeuil et les pâtes, ce fut ensuite une authentique histoire d'amour. L'une des plus belles réussites culinaires de la décennie. Fidèle à sa quête obsessionnelle de la qualité, le chef s'essaye aux meilleures pâtes sèches italiennes, de marque Martelli ou Setaro, de préférence. Jamais les *casareccia*, *gnocchi sardi* et *orecchiette* n'avaient connu pareil décalage horaire. Elles n'en reviennent toujours pas de parler, avec autant de naturel, un esperanto teinté de japonais, de thaïlandais et d'espagnol.

« Jamais les casareccia, gnocchi sardi et orecchiette n'avaient connu pareil décalage horaire. »

ORECCHIETTE AU PISTOU, JAMBON IBÉRIQUE ET BASILIC THAÏ

Pour 4 personnes
Préparation : 15 min
Cuisson totale : 10 à15 min

Pour le pistou
2 gousses d'ail
100 g de roquette
2 bottes de basilic
4 cuil. à soupe d'huile d'olive très fruitée
1 pincée de sel

Pour les pâtes
320 g de orecchiette
16 tranches de jambon ibérique très fines
80 g de vieille mimolette
10 à 15 feuilles de basilic thaï
4 cuil. à soupe de bouillon de volaille
7 cuil. à soupe d'huile d'olive très fruitée
Gros sel (15 g par litre d'eau)
Sel

LE PISTOU
* Peler et émincer les gousses d'ail. Concasser la roquette. Mixer tous les ingrédients pour obtenir un pistou bien vert.

LES PÂTES
* Faire cuire les pâtes *al dente* pendant 7 à 8 min dans un grand volume d'eau bouillante salée (gros sel) et 3 cuil. à soupe d'huile d'olive, puis les égoutter.
* Dans une grande sauteuse, mélanger les pâtes, le pistou et le bouillon de volaille. Enrober les pâtes de ce liquide et saler, puis ajouter les feuilles de basilic thaï.
* Dans une poêle bien chaude, faire griller les tranches de jambon ibérique.
* Servir les pâtes dans des assiettes chaudes et répartir les tranches de jambon ibérique. Parsemer de morceaux de vieille mimolette coupés finement à l'aide d'un couteau économe et arroser d'huile d'olive.

BON A SAVOIR
Il faut toujours faire cuire les pâtes dans un très grand volume d'eau et ne jamais les faire refroidir sous l'eau froide pour qu'elles ne se gorgent pas d'eau et ne se ramollissent pas. Pour le temps de cuisson précis des pâtes, reportez-vous aux indications notées sur le paquet.

Prenez le temps d'aller chercher vos ingrédients thaïs dans les magasins spécialisés asiatiques, vous trouverez beaucoup de produits originaux.

VARIANTES
Vous pouvez remplacer la vieille mimolette par du manchego ou une tête-de-moine et le jambon ibérique par du chorizo (de préférence ibérique).

SALADE DE NOUILLES UDON, POUTARGUE-FÈVES-ESTRAGON, VINAIGRETTE SÉSAME

Pour 4 personnes
Préparation : 20 min
Cuisson totale : 3 min

Pour la garniture
80 g de poutargue
500 g de fèves
3 brins d'estragon (feuilles)
4 feuilles de shiso vert ou rouge
Sel

Pour la vinaigrette sésame
3 cuil. à soupe d'huile de sésame
1 cuil. à soupe de pâte de sésame blanc
1 cuil. à soupe de moutarde type Savora
20 g de moutarde jaune japonaise
3 cl de mirin
3 cl de vinaigre de riz

Pour les pâtes
320 g de nouilles *udon*
3 cuil. à soupe d'huile d'olive très fruitée
Gros sel (15 g par litre d'eau)

LA GARNITURE
◉ Couper finement les feuilles de shiso et d'estragon aux ciseaux. Émincer très finement la poutargue. Écosser les fèves. Les plonger 45 s dans de l'eau bouillante salée, puis les refroidir aussitôt dans de l'eau glacée. Les égoutter et enlever la petite peau qui les enveloppe.

LA VINAIGRETTE SÉSAME
◉ Mélanger le mirin, le vinaigre de riz, les moutardes et la pâte de sésame. Verser l'huile de sésame et bien mélanger.

LES PÂTES
◉ Faire cuire les nouilles *udon* pendant 2 min dans un grand volume d'eau bouillante salée (gros sel), avec l'huile d'olive, puis les égoutter.

LA FINITION
◉ Dans un grand saladier, assaisonner immédiatement les nouilles *udon* avec la moitié de la vinaigrette sésame. Incorporer les fèves, la moitié de la poutargue, les 3/4 de l'estragon et le shiso.
◉ Servir les nouilles, tièdes, dans des bols. Parsemer du reste de poutargue et d'estragon et arroser de 1 cuil. à café de vinaigrette sésame.

BON À SAVOIR
Pour les pâtes, voir p. 98.

Pour la moutarde jaune japonaise, voir p. 75.

Vous trouverez les nouilles *udon*, la pâte de sésame blanc, la moutarde jaune japonaise, le shiso, le mirin et le vinaigre de riz dans les épiceries asiatiques.

Il faut couper très finement la poutargue (poche d'œufs de mulets séchés et très légèrement fumés).

VARIANTE
Vous pouvez remplacer la poutargue par des œufs de saumon, et les nouilles *udon* par des nouilles *soba* (autre variété de nouilles japonaises).

LINGUINE AUX MOULES DE BOUCHOT ET GAMBAS SAUTÉES

Pour 4 personnes
Préparation : 30 min
Infusion : 5 min
Cuisson totale : 25 min

Pour les moules de bouchot

1 kg de moules de bouchot

2 tiges de citronnelle

4 feuilles de lime (fraîches ou surgelées)

Pour le bouillon de moules

7 cl de lait de coco

2 tiges de citronnelle

1 bulbe de galanga

1 citron (jus)

1/2 cuil. à café de sauce nuoc-mâm

Pour les gambas

8 gambas

2 gousses d'ail

1 tige de citronnelle

2 cuil. à soupe d'huile d'olive

Sel de céleri

Pour les pâtes

320 g de linguine

6 cuil. à soupe d'huile d'olive très fruitée

Gros sel (15 g par litre d'eau)

Pour la finition

3 brins de basilic thaï (feuilles)

2 tiges de cive chinoise

3 cuil. à soupe d'huile d'olive très fruitée

BON À SAVOIR

Pour les feuilles de lime et les pâtes, voir p. 44 et 98.

Les moules de bouchot donnent un jus fabuleux. Afin qu'elles soient très moelleuses, retirez-les du feu dès qu'elles sont ouvertes.

Le lait de coco ne doit pratiquement pas cuire pour conserver sa fraîcheur et son goût délicat.

VARIANTE

Vous pouvez remplacer les moules par des palourdes, des coques ou du poulpe émincé.

LES MOULES DE BOUCHOT

- Enlever la première feuille et l'extrémité dures des tiges de citronnelle, les couper en deux dans la longueur. Les émincer finement ainsi que les feuilles de lime. Laver et brosser les moules.
- Dans une grande casserole, réunir les moules, la citronnelle et les feuilles de lime. Verser un verre d'eau. Faire cuire à feu vif et à couvert pendant environ 4 min jusqu'à ce que les moules soient ouvertes. Les égoutter et récupérer le jus. Décortiquer les moules, filtrer le jus et réserver au réfrigérateur.

LE BOUILLON DE MOULES

- Peler le galanga. Coupez les tiges de citronnelle en deux dans la longueur. Les émincer finement ainsi que le galanga.
- Faire infuser le galanga et la citronnelle dans 7 cl de jus de cuisson des moules à feu très doux pendant 5 min, puis ajouter le lait de coco. Porter à ébullition, puis mixer avec le jus du citron et la sauce nuoc-mâm. Filtrer et réserver.

LES GAMBAS

- Coupez la tige de citronnelle en deux dans la longueur.
- Dans une poêle antiadhésive, faire chauffer l'huile d'olive et y faire suer l'ail et la citronnelle. Faire sauter les gambas et les faire colorer de chaque côté pendant environ 3 min. Les assaisonner avec le sel de céleri et les couper en tronçons de 1 cm. Les réserver.

LES PÂTES

- Faire cuire les linguines *al dente* pendant 3 à 4 min dans un grand volume d'eau bouillante salée (gros sel), avec 3 cuil. à soupe d'huile d'olive, puis les égoutter.

LA FINITION

- Couper finement les feuilles de basilic thaï aux ciseaux. Émincer les tiges de cive chinoise.
- Faire tiédir les moules avec 3 cuil. à soupe de bouillon de moules.
- Dans une grande casserole, porter à ébullition 5 cl de bouillon de moules. Ajouter les linguine. Enrober les pâtes de ce liquide, ajouter 2 cuil. à soupe d'huile d'olive, les gambas, le basilic thaï, la cive chinoise et rectifier l'assaisonnement.
- Dans chaque assiette creuse, répartir les moules tièdes, servir les linguines et arroser de l'huile d'olive restante.

GNOCCHI SARDI, BOUILLON DE PARMESAN

Pour 4 personnes
Préparation : 25 min
Cuisson totale : 15 min

Pour le bouillon de parmesan
300 g de parmesan râpé
100 g de beurre
40 cl de lait
40 cl de bouillon de volaille

Pour la garniture
2 citrons (de préférence niçois) non traités (zeste)
160 g d'abricots séchés (moelleux)
2 cuil. à soupe d'huile d'olive

Pour les pâtes
320 g de *gnocchi sardi*
3 cuil. à soupe d'huile d'olive très fruitée
Gros sel (15 g par litre d'eau)

Pour la finition
1 citron (de préférence niçois) non traité (zeste)
3 brins de basilic thaï (feuilles)
3 cuil. à soupe d'huile d'olive très fruitée

LE BOUILLON DE PARMESAN

- Dans une casserole, porter à ébullition le bouillon de volaille et le lait. Hors du feu, verser le parmesan râpé et incorporer le beurre coupé en morceaux, en fouettant. Mixer pour bien homogénéiser le bouillon de parmesan et filtrer.

LA GARNITURE

- Dans une petite casserole, plonger le zeste des citrons dans de l'eau bouillante pendant 1 min. Égoutter les zestes, les faire refroidir dans de l'eau froide et les tailler en tout petits dés. Mélanger avec l'huile d'olive. Réserver.
- Tailler les abricots séchés en petits morceaux. Réserver.

LES PÂTES

- Faire cuire les gnocchi sardi *al dente* pendant 7 à 8 min dans un grand volume d'eau bouillante salée (gros sel), avec 3 cuil. à soupe d'huile d'olive, puis les égoutter.

LA FINITION

- Dans une grande sauteuse, porter à ébullition 3 petites louches de bouillon de parmesan, puis ajouter les gnocchi sardi. Lorsque les pâtes ont presque absorbé le liquide, incorporer les abricots, les zestes et les feuilles de basilic thaï, puis les enrober avec 2 cuil. à soupe d'huile d'olive.
- Dans chaque assiette creuse ou bol chaud, verser sur les pâtes le bouillon de parmesan émulsionné à l'aide d'un mixeur. Arroser d'un filet d'huile d'olive et râper finement le zeste du citron au-dessus des pâtes.

> **BON À SAVOIR**
> Pour les pâtes, voir p. 98.
>
> Le basilic thaï s'accorde parfaitement avec le parmesan. Utilisez de préférence un parmesan très fruité (donc pas trop âgé).
>
> **VARIANTES**
> Utilisez le jus de la mostarda di Cremona (voir p. 18) pour lier les abricots et le zeste de citron avec l'huile d'olive.
>
> Vous pouvez faire frire des noix de cajou pendant 1 min, puis les réduire en poudre et en parsemer les pâtes au moment de servir.

CASARECCIA TOMATES-CORIANDRE-MANCHEGO

Pour 4 personnes
Préparation : 25 min
Cuisson totale : 50 min

Pour la marmelade de tomates
600 g de tomates bien mûres
1 oignon blanc
4 gousses d'ail
2 bulbes de galanga
2 tiges de citronnelle
40 g de gingembre mariné (voir recette p. 19)
3 cl de vinaigre de riz
Sel

Pour les pâtes
500 g de casareccia
4 cuil. à soupe d'huile d'olive très fruitée
Gros sel (15 g par litre d'eau)

Pour la finition
80 g de manchego
4 brins de coriandre chinoise
3 cl de bouillon de volaille
2 cuil. à soupe d'huile d'olive très fruitée
Sel, poivre de moulin

LA MARMELADE DE TOMATES

- Couper les tomates en gros morceaux. Éplucher l'oignon blanc, les gousses d'ail et le galanga. Enlever la première feuille et l'extrémité dures des tiges de citronnelle, les couper en deux dans la longueur, puis les émincer très finement ainsi que l'oignon, l'ail et le galanga.
- Dans une sauteuse, faire revenir 3 à 4 min à feu doux l'oignon, l'ail, le galanga et la citronnelle. Verser le vinaigre de riz pour dissoudre les sucs de cuisson (déglacer) et laisser réduire de moitié. Ajouter les tomates coupées. Saler et laisser compoter doucement pendant environ 30 min. Ajouter le gingembre mariné. Mixer au robot et filtrer.

LES CASARECCIA

- Faire cuire les casareccia *al dente* pendant 7 à 8 min dans un grand volume d'eau bouillante salée (gros sel), avec l'huile d'olive, puis les égoutter.

LA FINITION

- Couper le manchego en fins copeaux à l'aide d'un couteau économe. Émincer la coriandre.
- Dans une grande sauteuse, faire chauffer 5 à 6 cuil. à soupe de marmelade de tomates, puis ajouter les pâtes. Verser 3 ou 4 cuil. à soupe de bouillon de volaille et laisser mijoter. Quand les pâtes sont bien enrobées de ce liquide, ajouter 1 cuil. à soupe d'huile d'olive et la coriandre. Rectifier l'assaisonnement.
- Servir dans des assiettes creuses chaudes en parsemant les pâtes de copeaux de manchego au dernier moment et en arrosant d'un filet d'huile d'olive.

BON À SAVOIR
Pour les pâtes, voir p. 98.

Réalisez les recettes à base de tomates de préférence en saison (de juillet à fin septembre), et choisissez des tomates bien charnues, comme les cœurs de bœuf, plus goûteuses.

L'utilisation de gingembre, de mirin et de vinaigre de gingembre dans les plats permet de saler beaucoup moins.

VARIANTE
Vous pouvez utiliser de la feta en fines tranches ou des copeaux de tête-de-moine pour remplacer le manchego.

PENNE AUX GAMBAS, ARTICHAUTS ET ALGUE NORI

Pour 4 personnes
Préparation : 30 min
Cuisson totale : 1 h 40 dont 1 h 20 pour
le bouillon thaï

Pour les pâtes
320 g de penne
6 cuil. à soupe d'huile d'olive très fruitée
Gros sel (15 g par litre d'eau)

Pour la garniture
12 gambas
12 artichauts poivrade à l'huile
2 feuilles d'algue nori
2 tiges de citronnelle
2 gousses d'ail
60 g de gingembre frais
4 brins de basilic thaï (feuilles)
5 cuil. à soupe d'huile d'olive
Sel de céleri

Pour le bouillon thaï de crustacés
Voir recette p. 44

◉ Préparer le bouillon thaï de crustacés (voir recette p. 44).

LA GARNITURE

◉ Peler les gousses d'ail. Enlever la première feuille et l'extrémité dures des tiges de citronnelle, puis les couper en deux dans la longueur.

◉ Dans une poêle antiadhésive, faire chauffer 2 cuil. à soupe d'huile d'olive et y faire suer l'ail et la citronnelle. Ajouter les gambas et les faire colorer de chaque côté pendant 1 min 30 à 2 min.

◉ Couper les gambas en tronçons de 1 cm. Éplucher et tailler le gingembre en lamelles dans la longueur, puis couper ces lamelles en filaments très fins. Couper l'algue nori aux ciseaux en morceaux de 2 cm sur 1 cm et émincer les feuilles de basilic thaï. Couper les artichauts poivrade en six.

LES PÂTES

◉ Faire cuire les penne *al dente* pendant 6 à 7 min dans un grand volume d'eau bouillante salée (gros sel), avec l'huile d'olive, puis les égoutter.

LA FINITION

◉ Dans une grande casserole, porter à ébullition 8 cl de bouillon thaï de crustacés. Ajouter les penne. Laisser mijoter et enrober les pâtes de ce liquide. Ajouter les gambas, les artichauts, le gingembre, les 3/4 du basilic thaï et de l'algue nori. Lier avec les penne avec 2 cuil. à soupe d'huile d'olive. Les penne doivent être bien brillantes. Rectifier l'assaisonnement avec le sel de céleri.

◉ Dans chaque assiette creuse, parsemer les penne de l'algue nori et du basilic thaï restants et arroser d'un filet d'huile d'olive.

> **BON À SAVOIR**
> Pour les pâtes, voir p. 98.
>
> L'algue nori (disponible dans les rayons exotiques de certaines grandes surfaces et dans les épiceries japonaises) est l'algue japonaise qui sert à faire les makis.
>
> **VARIANTES**
> Vous pouvez utiliser des langoustines à la place des crevettes et varier les herbes en fonction de la saison et de votre goût.
>
> Vous pouvez ajouter de la bonite séchée (en flocons) à l'algue nori sur les pâtes.

CONCHIGLIE FARCIES AUX CHAMPIGNONS, JUS DE ROQUETTE ET CERFEUIL

Pour 4 personnes
À préparer la veille
Préparation : 40 min
Cuisson totale : 30 min

Pour les pâtes
320 g de conchiglie
3 cuil. à soupe d'huile d'olive très fruitée
Gros sel (15 g par litre d'eau)

Pour la farce aux champignons
500 g de champignons de Paris ou de cèpes,
de girolles ou de trompettes-de-la-mort
150 g de champignons shiitaké ou lentins
de chêne
50 g de cèpes séchés
4 échalotes (de préférence grises)
3 gousses d'ail
1 bulbe de galanga
2 tiges de citronnelle
5 tiges de cive chinoise ou de ciboulette
50 g de crème d'artichaut
15 cl de crème de lait de coco
(de préférence) ou de lait de coco
6 cuil. à soupe d'huile d'olive
Sel de céleri
Poivre du moulin

Pour le jus de roquette
120 g de roquette (de préférence sauvage)
2 bottes de cerfeuil (feuilles)
1 botte de basilic (feuilles)
5 cuil. à soupe d'huile d'olive
Sel de céleri

Pour la finition
3 brins de basilic thaï (feuilles)
3 cuil. à soupe d'huile d'olive

> **BON À SAVOIR**
> Pour les pâtes, voir p. 98.

⊛ **La veille ou le matin même,** réhydrater les cèpes : les laisser dans l'eau pendant une 1/2 journée, puis les égoutter.

LES PÂTES

⊛ **Le jour même,** faire cuire les pâtes *al dente* pendant 5 à 6 min dans un grand volume d'eau bouillante salée (gros sel). Les égoutter et les enrober avec l'huile d'olive. Bien les mélanger. Les faire refroidir aussitôt au réfrigérateur.

LA FARCE AUX CHAMPIGNONS

⊛ Nettoyer les champignons de Paris, puis les émincer finement ainsi que les cèpes. Couper les shiitaké en petits dés. Peler l'ail, les échalotes et le galanga. Couper le galanga en deux. Enlever la première feuille et l'extrémité dures des tiges de citronnelle, puis les couper en deux dans la longueur. Émincer finement la cive chinoise et les échalotes.

⊛ Dans une large cocotte, faire chauffer 3 cuil. à soupe d'huile d'olive et y faire suer l'ail, les 3/4 des échalotes, le galanga et la cive chinoise. Ajouter les champignons et du sel de céleri. Faire cuire à feu fort et à couvert pendant 3 à 4 min. Lorsque les champignons ont rendu leur eau, ajouter la crème de lait de coco. Porter à ébullition et réserver 1/3 du jus de cuisson. Laisser réduire jusqu'à ce que les champignons soient bien enrobés de crème et qu'il n'y ait plus de liquide. Ajouter la crème d'artichaut et les herbes.

⊛ Dans une poêle, faire sauter avec 3 cuil. à soupe d'huile d'olive les cèpes et les shiitaké pendant 4 min. Ajouter les échalotes restantes. Mélanger avec les champignons de Paris. Retirer la citronnelle et le galanga et hacher grossièrement l'ensemble au robot. Rectifier l'assaisonnement.

LE JUS DE ROQUETTE

⊛ Mixer tous les ingrédients.

LA FINITION

⊛ Farcir les conchiglie de farce aux champignons. Dans une grande sauteuse, porter à ébullition le jus de cuisson des champignons réservé. Ajouter les conchiglie et laisser mijoter 2 à 3 min. Lorsque les pâtes sont bien enrobées de jus, ajouter l'huile d'olive.

⊛ Dans chaque assiette creuse chaude, répartir le jus de roquette et les pâtes. Parsemer de petites feuilles de basilic thaï.

MACARONIS ET GIROLLES, JUS DE PERSIL-GALANGA

Pour 4 personnes
Préparation : 35 min
Cuisson totale : 20 min

Pour le jus de persil-galanga
3 bottes de persil plat
1 bulbe de galanga
80 g de crème d'artichaut
5 cuil. à soupe d'huile d'olive
Gros sel

Pour les girolles
500 g de girolles
1/2 bulbe de galanga
1 gousse d'ail
2 tiges de citronnelle
3 cl de lait de coco
2 cuil. à soupe d'huile d'olive
Sel de céleri

Pour les pâtes
320 g de macaronis
5 cuil. à soupe d'huile d'olive très fruitée
Gros sel (15 g par litre d'eau)

Pour la finition
2 oignons fanes
4 brins de coriandre chinoise
60 g de beurre demi-sel
5 cuil. à soupe d'huile d'olive très fruitée
Sel, poivre du moulin

> **BON À SAVOIR**
> Pour les pâtes, voir p. 98.
> Pour que vos pâtes soient très brillantes, ajoutez l'huile d'olive hors du feu lorsqu'elles ont absorbé le bouillon.
>
> Vous trouverez la crème d'artichaut dans les épiceries italiennes. L'idéal est de choisir une crème légèrement aillée.
>
> **VARIANTE**
> Vous pouvez ajouter des mousserons, des cèpes ou des morilles et mélanger au persil du cerfeuil ou de l'estragon.

LE JUS DE PERSIL-GALANGA

- Peler et émincer le galanga. Plonger le persil dans un grand volume d'eau bouillante salée (gros sel) pendant 4 à 5 min, puis le faire refroidir aussitôt dans de l'eau glacée pour qu'il conserve sa belle couleur. L'égoutter sans le presser.
- Mixer au robot le persil, le galanga, la crème d'artichaut, l'huile d'olive et 5 cl d'eau, pendant 3 à 4 min, pour obtenir une purée bien lisse. Filtrer, puis réserver.

LES GIROLLES

- À l'aide d'un petit couteau, nettoyer le pied des girolles, les laver à grande eau deux fois et les égoutter. Peler le galanga et la gousse d'ail, puis les couper en deux. Enlever la première feuille et l'extrémité dures des tiges de citronnelle, puis les couper en deux dans la longueur.
- Dans une poêle antiadhésive, faire chauffer l'huile d'olive et y faire suer la citronnelle, le galanga et l'ail. Augmenter ensuite le feu et ajouter les girolles. Assaisonner avec le sel de céléri. Couvrir et laisser cuire pendant 2 min. Égoutter les girolles au-dessus d'une casserole pour récupérer le jus.
- Porter à ébullition le jus des girolles, puis ajouter la citronnelle, le galanga et l'ail qui ont servi à la cuisson des girolles. Faire cuire 2 min et ajouter le lait de coco. Porter à ébullition. Mixer et filtrer. Réserver.

LES PÂTES

- Faire cuire les macaronis *al dente* pendant 5 à 6 min dans un grand volume d'eau bouillante salée (gros sel), avec l'huile d'olive, puis les égoutter.

LA FINITION

- Éplucher les oignons fanes. Émincer les tiges vertes et couper les bulbes en fines lamelles. Émincer la coriandre.
- Dans une poêle, faire blondir le beurre demi-sel. Ajouter les girolles et les faire sauter à feu vif. Laisser dorer 2 à 3 min. Ajouter les bulbes d'oignon émincés. Retirer la poêle du feu.
- Porter à ébullition le jus des girolles. Ajouter les macaronis. Les enrober de ce liquide et ajouter 4 cuil. à soupe d'huile d'olive, les girolles, les tiges d'oignons et la coriandre émincées. Rectifier l'assaisonnement.
- Dans chaque assiette creuse chaude, répartir le jus de persil-galanga, puis les pâtes et les girolles. Arroser d'un filet d'huile d'olive

LASAGNES, MARMELADE DE TOMATES, PISTOU ET MOZZARELLA

Pour 4 personnes
Préparation : 40 min
Cuisson totale : 45 min

Pour la marmelade de tomates
750 g de tomates cœur de bœuf bien mûres
2 gousses d'ail rose ou nouveau
1 oignon doux
3 brins de coriandre chinoise
50 g de gingembre frais
40 g de mostarda di Cremona ou
4 cl de mirin
5 cl de vinaigre de riz
5 cuil. à soupe d'huile d'olive
Sel

Pour le pistou
2 bottes de basilic
3 gousses d'ail nouveau
1 poignée de roquette sauvage
6 cuil. à soupe d'huile d'olive

Pour la garniture
1 mozzarella di buffala (environ 125 g)
60 g de vieille mimolette
3 brins de basilic thaï (feuilles)
2 cébettes
60 g de crème d'olive noire
Fleurs d'herbes (ciboulette, coriandre, fenouil ou ail)
3 cuil. à soupe d'huile d'olive

Pour les pâtes
8 feuilles de lasagne
6 cuil. à soupe d'huile d'olive très fruitée
Gros sel (15 g par litre d'eau)

LA MARMELADE DE TOMATES

- Enlever le pédoncule des tomates et les plonger 10 s dans de l'eau bouillante. Les faire refroidir dans de l'eau glacée. Les peler, les couper en quatre et les épépiner. Tailler la chair en dés. Mixer les peaux avec les pépins et filtrer. Réserver au réfrigérateur. Peler l'ail, le gingembre et l'oignon. Les émincer finement.

- Dans une grande casserole, faire chauffer l'huile d'olive et y faire suer l'ail, le gingembre et l'oignon pendant 2 à 3 min à feu doux et à couvert. Ajouter le vinaigre de riz, la mostarda, les dés et le jus de tomate. Saler. Porter à ébullition et faire cuire à feu doux pendant environ 30 à 40 min. La marmelade doit être bien compotée et bien réduite. Laisser refroidir. Émincer la coriandre.

LE PISTOU

- Peler les gousses d'ail nouveau. Mixer tous les ingrédients.

LA GARNITURE

- Réserver les petites feuilles de basilic thaï et les fleurs d'herbes. Couper aux ciseaux les grandes feuilles de basilic thaï. Tailler les cébettes en biseaux, en fins bâtonnets (1 cm). Couper en fines tranches la mozzarella. À l'aide d'un couteau économe, tailler la vieille mimolette en copeaux. Faire mariner la mozzarella avec l'huile d'olive et le basilic thaï.

LES PÂTES

- Faire cuire les pâtes à lasagne *al dente* pendant 3 à 4 min dans un grand volume d'eau bouillante salée (gros sel) et 3 cuil. à soupe d'huile d'olive, puis les égoutter.
- Couper en deux chaque feuille de lasagne.

BON À SAVOIR

Pour les pâtes et la mostarda di Cremona, voir p. 98 et 18.

Choisissez une mozzarella de belle qualité ou une burrata di Corato (voir p. 132).

VARIANTE

Dans la marmelade de tomates, vous pouvez ajouter 1 cuil. à café de menthe émincée finement.

LA FINITION

- Préchauffer le gril à 80 °C (th.2-3).
- Faire tiédir la marmelade de tomates.
- Dans une casserole, faire chauffer à feu doux 2 cuil. à soupe d'huile d'olive et 2 cuil. à soupe d'eau. Ajouter les carrés de lasagne.
- Sur chaque assiette, déposer 1 cuil. à café de pistou, puis alterner 1 lasagne, 1 cuil. à soupe de marmelade de tomates, 1 lasagne et de nouveau de la marmelade. Couvrir de 1 tranche de mozzarella, disposer 1 cuil. à café de crème d'olive noire, des copeaux de vieille mimolette et un peu de cébette émincée. Terminer le montage par 1 lasagne. Passer les lasagnes sous le gril pendant 1 min. Parsemer de fleurs d'herbes, arroser d'un filet d'huile d'olive et de 1 cuil. à café de pistou.

SABLÉS, CRÈME AU YUZU
ET COMPOTE DE GOYAVES ⊛
MILK-SHAKE ANANAS-COCO-
BANANE ⊛ HAKIS, NAGE D'AGRUMES
⊛ FINANCIERS À LA CHÂTAIGNE-
OLIVES-ORANGES AMÈRES ⊛
CRÈME MAÏS-SOJA, CORNFLAKES
CARAMÉLISÉS ⊛ GLACE
CHOCOLAT BLANC-WASABI-FRAISE
⊛ MANGUES-ANANAS MARINÉS,
LAIT DE COCO VANILLÉ ⊛ PÊCHES

DESSERTS

AU SIROP, JUS DE FRAISE DES
BOIS ET GELÉE CITRON-BASILIC ⊛
SOUPE DE CHÂTAIGNES-COCO-
DATTES MARINÉES ⊛ CAPPUCCINO
MANGUES-COCO, ÉMULSION
PASSION ⊛ MILK-SHAKE FRAISES-
COCO-VANILLE ⊛ FIGUES RÔTIES,
JUS DE RAISIN-CITRONNELLE ⊛
MOELLEUX RHUBARBE-
GINGEMBRE, JUS DE FRAISE ⊛
CLAFOUTIS MIRABELLES-
GINGEMBRE CONFIT, COULIS DE
MIRABELLE

DESSERTS

En fouillant dans ses souvenirs lointains, on finit bien par trouver, vers l'adolescence, quelques velléités sucrées, comme ce moelleux aux pommes qu'il confectionnait le dimanche matin et dont il ne restait plus une miette à la fin du déjeuner en famille. Mais William reste lucide : *« Je suis nul en pâtisserie. Si je passais un test demain, je ne pourrais rien faire sans un carnet de recettes. »* Ne pas en conclure qu'il s'ennuie des dosages millimétrés : il applique cette même précision à ses recettes salées. Ni qu'il a moins d'affinités avec les glucides : il se damne pour une bonne tarte Tatin ou un riz au lait encore tiède. Mais le fait est qu'il renonce souvent aux desserts dans les restaurants. Trop plombants à son goût. Oui au cho-colat en fin de repas, mais sans les lourdeurs farinées. Aussi préfère-t-il les desserts cuisinés aux desserts pâtissiers, histoire de privilégier la fraîcheur, la vivacité, l'acidité. Les fruits d'ici et d'ailleurs tiennent logiquement le rôle principal, et le scénario tire bien souvent les mêmes ficelles qu'au chapitre salé. Même jargon : soupe, jus, émulsion... Mêmes émotions : citronnelle, gingembre, wasabi... Et quand il s'agit de classiques pâtissiers, ceux-ci sont « électrisés » par des sensations fruitées ou acidulées. La meilleure façon de conclure un repas en légèreté.

« Les fruits d'ici et d'ailleurs tiennent logiquement le rôle principal, et le scénario tire bien souvent les mêmes ficelles qu'au chapitre salé. »

SABLÉS, CRÈME AU YUZU ET COMPOTE DE GOYAVES

Pour 6 personnes (une dizaine de sablés)
À préparer la veille
Préparation : 40 min
Repos au frais : 6 à 12 h
Cuisson totale : 40 min

Pour les sablés
3 jaunes d'œufs
150 g de beurre mou
2 gousses de vanille
300 g de farine
120 g de sucre en poudre
12 g de levure chimique
3 g de sel

Pour la crème de yuzu
1 yuzu ou 1 citron vert (jus)
3 petits œufs
180 g de beurre
120 g de sucre en poudre
2 feuilles de gélatine (soit 4 g)

Pour la compote de goyaves
250 g de pulpe de goyave
80 g de confiture de goyaves
1 citron (jus)
2 tiges de citronnelle

BON À SAVOIR
Vous trouverez la pulpe de goyave, la confiture de goyaves et le jus de yuzu dans les épiceries asiatiques.

VARIANTE
Vous pouvez remplacer le jus de yuzu (assez cher) par du jus de citron vert et râper du zeste de citron vert une fois la crème prise.

LA CRÈME DE YUZU

- **La veille ou le matin même,** préparer la crème : dans un saladier, fouetter les œufs avec le sucre jusqu'à ce que le mélange blanchisse. Faire ramollir les feuilles de gélatine dans un bol d'eau glacée.
- Au bain-marie, fouetter le mélange sucre-œufs et 10 cl de jus de yuzu dans un grand bol résistant à la chaleur. Fouetter jusqu'à ce que le mélange blanchisse et que la températrue ateigne 60-65 °C. Ajouter la gélatine bien essorée et mélanger pour la dissoudre. Incorporer le beurre coupé en morceaux. Fouetter pour obtenir un mélange bien homogène. Réserver la crème de yuzu dans un saladier et la placer au réfrigérateur pendant 2 ou 3 h minimum pour que la crème soit bien prise.

LES SABLÉS

- **Le jour même,** préchauffer le four à 120 °C (th. 4).
- Fendre les gousses de vanille dans la longueur, puis les gratter à l'aide de la pointe d'un couteau et récupérer les graines.
- Mélanger le beurre coupé en morceaux avec le sel, puis ajouter la farine et la levure. Dans un autre récipient, fouetter les jaunes d'œufs et le sucre. Incorporer les graines de vanille dans les deux mélanges rassemblés. Bien mélanger. Emballer la pâte obtenue dans une feuille de film étirable et réserver au réfrigérateur pendant 2 ou 3 h minimum.
- Étaler la pâte sur une épaisseur de 3 mm, découper des disques d'environ 7 cm de diamètre à l'emporte-pièce et les placer sur une plaque recouverte de papier sulfurisé.
- Faire cuire les sablés à 170 °C (th. 5-6) pendant environ 12 min. Laisser refroidir sur une grille.

LA COMPOTE DE GOYAVES

- Enlever la première feuille et l'extrémité dures des tiges de citronnelle, les couper en deux dans la longueur, puis les émincer très finement.
- Faire cuire la pulpe et la confiture de goyaves avec la citronnelle pendant 25 min à feu doux. En fin de cuisson, verser le jus du citron. Mixer et filtrer.

LA FINITION

- Sur chaque assiette, repartir la crème de yuzu accompagnée de sablés et de 1 cuil. à soupe de compote de goyaves.

MILK-SHAKE ANANAS-COCO-BANANE

Pour 6 personnes
Préparation : 20 min

2 bananes
1 ananas (jus)
2 gousses de vanille
1 tige de citronnelle
100 g de sucre en poudre
500 g de glace à la noix de coco

◉ Fendre les gousses de vanille dans la longueur, puis les gratter à l'aide de la pointe d'un couteau et récupérer les graines. Enlever la première feuille et l'extrémité dures de la tige de citronnelle, puis la couper en deux dans la longueur. Peler l'ananas. Préparer le jus d'ananas à la centrifugeuse.

◉ Mixer le jus avec la tige de citronnelle et le sucre, puis filtrer.

◉ Éplucher et couper les bananes en morceaux, puis les mixer avec le jus d'ananas, les graines de vanille et la glace à la noix de coco. Réserver au réfrigérateur.

◉ Servir froid ou glacé dans des verres.

BON À SAVOIR
Utilisez de préférence des ananas Victoria, ce sont les plus goûteux, et de la vanille de Tahiti ou de Madagascar, bien charnue.

Si vous n'avez pas de centrifugeuse, mixez la chair d'ananas au robot, puis filtrez-la.

VARIANTE
Vous pouvez remplacer la banane par de la mangue ou de la goyave.

KAKIS, NAGE D'AGRUMES

Pour 6 personnes
Préparation : 20 min
Cuisson totale : 35 min

Pour la nage d'agrumes
12 kumquats
8 oranges (jus)
2 tiges de citronnelle
40 g de gingembre frais
4 feuilles de gélatine (soit 8 g)
100 g de sucre en poudre

Pour la finition
3 kakis mûrs
1 brin de basilic thaï

LA NAGE D'AGRUMES

- Couper en deux les kumquats dans la longueur et enlever les pépins. Peler le gingembre. Enlever la première feuille et l'extrémité dures des tiges de citronnelle, les couper en deux dans la longueur. Émincer très finement le gingembre.
- Dans une casserole, porter à ébullition le jus des oranges, le sucre, la citronnelle et gingembre. Ajouter les kumquats et les faire cuire à feu doux pendant 30 min. Les laisser refroidir dans le jus.
- Faire ramollir les feuilles de gélatine dans un bol d'eau glacée.
- Égoutter les kumquats et la gélatine.
- Faire tiédir 1/3 du jus, puis laisser se dissoudre dans ce jus la gélatine bien essorée. Rassembler les deux jus et réserver au réfrigérateur.

LA FINITION

- Éplucher les kakis et les couper en six selon la taille des fruits.
- Verser et répartir sur chaque assiette creuse la nage d'agrumes.
- Disposer les kumquats et les kakis. Couper finement aux ciseaux les feuilles de basilic thaï et les répartir sur la nage.

BON À SAVOIR
Vous trouverez des kakis dans les supermarchés asiatiques ou exotiques. Attention : si les kakis ne sont pas suffisamment mûrs, ils sont légèrement âpres.

VARIANTES
Vous pouvez réaliser cette recette avec du jus d'orange sanguine ou de mandarine.

Vous pouvez utiliser aussi des nèfles à la place des kakis.

FINANCIERS À LA CHÂTAIGNE-OLIVES-ORANGES AMÈRES

Pour 6 personnes
Préparation : 40 min
Trempage : 1 h
Cuisson totale : 1 h 15

Pour la confiture d'olives
200 g d'olives noires dénoyautées
1 petit cédrat ou 1 citron vert non traité
(zeste)
50 g de gingembre frais
80 g de sucre en poudre
30 cl de vin blanc doux (muscat)

Pour l'appareil à financier
160 g de beurre
5 blancs d'œufs
150 g de farine de châtaigne
115 g de sucre en poudre
100 g de poudre d'amande

Pour la finition
100 g de marmelade d'oranges amères
6 boules de glace à la vanille
Huile d'olive très fruitée

LA CONFITURE D'OLIVES

- Peler et le hacher le gingembre. Râper le zeste du cédrat. Laisser tremper les olives pendant environ 1 h.
- Dans une casserole, porter à ébullition le vin et le sucre. Ajouter le gingembre, le zeste du cédrat et les olives. Faire cuire à feu doux pendant environ 45 min jusqu'à obtenir une confiture. Il doit rester très peu de liquide. Réserver.

LES FINANCIERS

- Préchauffer le four à 120° C (th. 4).
- Fouetter légèrement les blancs d'œufs. Réserver au réfrigérateur.
- Dans une poêle chaude, faire chauffer le beurre jusqu'à ce qu'il blondisse (beurre noisette),
- Dans un saladier, mélanger le sucre, la poudre d'amande, la farine de châtaigne et incorporer délicatement les blancs d'œufs. Verser en filet le beurre noisette tiède. Bien mélanger pour obtenir une préparation homogène. Verser l'appareil à financier dans des moules individuels, puis déposer 1 cuil. à café de confiture d'olives au milieu de chaque moule.
- Faire cuire au four à 180 °C (th. 6) pendant 10 min, puis prolonger la cuisson pendant 10 min à 160 °C (th. 5-6). Démouler les financiers et les réserver sur une grille.

LA FINITION

- Sur chaque assiette, servir les financiers tièdes avec 1 cuil. à soupe de marmelade d'oranges amères, la confiture d'olives restante et 1 boule de glace à la vanille. Arroser d'un filet d'huile d'olive très fruitée.

> **BON À SAVOIR**
> Vous pouvez préparer votre appareil à financier à l'avance pour le laisser reposer.
>
> Utilisez des petites olives noires non marinées.

CRÈME MAÏS-SOJA, CORNFLAKES CARAMÉLISÉS

Pour 6 personnes
Préparation : 20 min
Cuisson totale : 40 min

Pour la crème maïs-soja
300 g de maïs frais (cru)
70 g de sucre en poudre
50 cl de lait de soja (de préférence nature)
40 cl de lait de coco

Pour le maïs
2 épis de maïs
3 cuil. à soupe de lait entier
10 cl de lait concentré
2 gousses de vanille
2 cuil. à soupe de miso blond ou blanc

Pour les cornflakes caramélisés
4 ou 5 cuil. à soupe de cornflakes
60 g de sucre en poudre

LA CRÈME MAÏS-SOJA
◉ Égrener le maïs.
◉ Faire cuire le maïs à feu doux et à couvert avec le lait de soja, le lait de coco et le sucre pendant 20 min. Mixer et filtrer. Réserver au réfrigérateur.

LE MAÏS
◉ Égrener le maïs. Fendre les gousses de vanille dans la longueur, puis les gratter à l'aide de la pointe d'un couteau et récupérer les graines.
◉ Dans une casserole, mélanger le lait concentré, le lait entier, le maïs, le miso et la vanille. Porter à ébullition très doucement et faire cuire pendant environ 15 min sans cesser de remuer. Laisser refroidir.

LES CORNFLAKES CARAMÉLISÉS
◉ Dans une poêle antiadhésive chaude, faire caraméliser les cornflakes avec le sucre versé en pluie. Remuer sans cesse pour une belle caramélisation.

LA FINITION
◉ Verser la crème de maïs dans chaque assiette creuse ou coupelle, répartir le maïs cuit et parsemer de cornflakes caramélisés.

> **BON À SAVOIR**
> Le miso blond (de couleur blanche), disponible dans les épiceries japonaises, est une pâte de soja fermenté. Il faut choisir la variété de miso la plus douce.
>
> Réalisez cette recette de préférence en septembre quand le maïs est le plus tendre.

GLACE CHOCOLAT BLANC-WASABI-FRAISE

Pour 6 personnes
Préparation : 40 min
Cuisson totale : 2 h 05
Prise au froid :
En sorbetière : 30 min
Sans sorbetière : 4 à 6 h

200 g de fraises

Pour la sauce pistache
100 g de pâte de pistache
15 g de pâte de nougat ou morceaux
de nougat hachés
10 cl de lait
10 cl de lait concentré sucré

Pour la meringue au wasabi
8 g de pâte de wasabi
5 blancs d'œufs
50 g de sucre en poudre
1 gousse de vanille

Pour la glace chocolat blanc-wasabi
370 g de chocolat blanc en morceaux ou
en pistoles
90 cl de lait de coco
20 g de pâte de wasabi
2 gousses de vanille

> **BON À SAVOIR**
> Pour le wasabi, voir p. 24.
>
> Vous trouverez la pâte de pistache
> dans les épiceries fines.
>
> Vous pouvez servir cette glace
> avec une émulsion de thé vert
> ou de thé grillé.
>
> **VARIANTE**
> Sans sorbetière : mettez la
> préparation directement au
> congélateur et sortez-la au bout
> de 1 h. Remuez vigoureusement
> au fouet ou à la fourchette.
> Remettez au congélateur et répétez
> l'opération toutes les 30 min
> jusqu'à obtenir la consistance
> souhaitée.

◉ Équeuter les fraises et les couper en quatre ou en six selon leur taille. Réserver au réfrigérateur.

LA MERINGUE AU WASABI
◉ Préchauffer le four à 90 °C (th. 3).
◉ Fendre la gousse de vanille dans la longueur, puis la gratter à l'aide de la pointe d'un couteau et récupérer les graines.
◉ Monter les blancs d'œufs avec les graines de vanille et le wasabi. Incorporer délicatement le sucre pour serrer les blancs. Ils doivent être bien fermes.
◉ Sur une plaque recouverte de papier sulfurisé, former avec les blancs des « langues de chat ». Les espacer de quelques centimètres. Enfourner pour 2 h.

LA SAUCE PISTACHE
◉ Dans une casserole, faire chauffer le lait et le lait concentré. Verser ce mélange chaud sur la pâte de pistache. Mixer, puis laisser refroidir. Ajouter la pâte de nougat et bien mélanger.

LA GLACE CHOCOLAT BLANC-WASABI
◉ Fendre les gousses de vanille dans la longueur, puis les gratter à l'aide de la pointe d'un couteau et récupérer les graines. Casser le chocolat blanc en morceaux si nécessaire.
◉ Dans une casserole, faire chauffer le lait de coco avec la vanille, puis le verser sur le chocolat blanc et ajouter la pâte de wasabi. Mixer et filtrer.
◉ Verser dans une sorbetière et laisser prendre le temps indiqué sur le mode d'emploi (environ 30 min) pour obtenir une belle glace onctueuse.

LA FINITION
◉ Napper le fond de chaque assiette avec la sauce pistache et répartir les fraises. Au dernier moment, disposer 2 boules de glace et quelques meringues au wasabi dans chaque assiette.

MANGUES-ANANAS MARINÉS, LAIT DE COCO VANILLÉ

Pour 6 personnes
Préparation : 20 min
Marinade au frais : 3 h
Cuisson totale : 10 min

Pour les mangues et les ananas marinés
2 mangues
2 ananas Victoria

Pour le lait de coco vanillé
30 cl de lait de coco
3 gousses de vanille
1 étoile de badiane (anis étoilé)
1 tige de citronnelle
70 g de sucre en poudre

Pour la finition
2 tiges de citronnelle

LES MANGUES ET LES ANANAS MARINÉS

◉ Peler les mangues et les ananas, puis enlever le noyau des mangues et les parties dures de l'ananas. Les couper en dés de 1 cm de côté et réserver les morceaux irréguliers.

◉ Mixer les morceaux irréguliers de mangue et d'ananas avec 2 cuil. à soupe de lait de coco vanillé.

◉ Dans un grand saladier, mélanger les dés de mangue et d'ananas et verser le lait de coco vanillé restant. Filmer et laisser mariner 3 h au réfrigérateur.

LE LAIT DE COCO VANILLÉ

◉ Fendre les gousses de vanille dans la longueur, puis les gratter à l'aide de la pointe d'un couteau et récupérer les graines. Enlever la première feuille et l'extrémité dures de la tige de citronnelle, puis la couper en deux dans la longueur.

◉ Dans une casserole, porter à ébullition le lait de coco, puis ajouter la vanille, le sucre, la badiane et la citronnelle. Faire cuire à feu doux pendant 10 min, puis placer la casserole dans un grand récipient d'eau glacée pour refroidir rapidement le lait.

LA FINITION

◉ Enlever la première feuille et l'extrémité dures des tiges de citronnelle, prélever le cœur et les émincer très finement.

◉ Dans chaque coupelle ou assiette, répartir la purée mangues-ananas, verser les dés de fruits, puis le lait de coco vanillé et parsemer de fines tiges de citronnelle.

BON À SAVOIR
Pour les ananas, voir p. 115.

Préférez les mangues jaunes de Thaïlande (« mangue éléphant ») à maturité, car elles ont un bel équilibre acidité/sucre. À défaut, choisissez des mangues pakistanaises.

VARIANTE
Cette recette est également délicieuse avec des bananes, de la goyave et des kiwis.

PÊCHES AU SIROP, JUS DE FRAISE DES BOIS ET GELÉE CITRON-BASILIC

Pour 6 personnes
Préparation : 30 min
Infusion : 15 min
Prise au froid : 3 h
Cuisson totale : 45 min

Pour les pêches au sirop
12 pêches ou nectarines
2 tiges de citronnelle
5 brins de basilic thaï (feuilles)
5 brins de basilic citron (feuilles)
5 brins de verveine citron (feuilles)
1 kg de sucre en poudre

Pour le jus de fraise des bois
5 barquettes de fraises des bois
1/2 citron (jus)
1 tige de citronnelle
80 g de sucre en poudre

Pour la gelée citron-basilic
2 citrons non traités (jus et zeste)
2 tiges de basilic citron (feuilles)
2 tiges de thym citron (feuilles)
4 feuilles de gélatine (soit 8 g)
60 g de sucre en poudre

LES PÊCHES AU SIROP

- Enlever la première feuille et l'extrémité dures des tiges de citronnelle, les couper en deux dans la longueur, puis les émincer très finement. Couper les pêches en six.
- Dans une casserole, porter à ébullition 2 litres d'eau avec le sucre et la citronnelle, puis faire cuire à feu doux pendant 30 min. Hors du feu, ajouter les feuilles de basilic thaï, de basilic citron et de verveine citron. Laisser infuser 10 min. Laisser tiédir. Porter de nouveau à ébullition le sirop obtenu, puis y plonger les pêches pendant environ 3 min et les égoutter. Réserver 20 cl de ce sirop pour la gelée citron-basilic.
- Dans une poêle, verser 5 cl du sirop, laisser réduire, puis en enrober les pêches. Il ne doit plus rester de liquide et les pêches doivent être très brillantes.

LE JUS DE FRAISE DES BOIS

- Enlever la première feuille et l'extrémité dures de la tige de citronnelle, la couper en deux dans la longueur. Mixer les fraises des bois avec le sucre, la citronnelle et le jus du citron, puis filtrer.

LA GELÉE CITRON-BASILIC

- Faire ramollir les feuilles de gélatine dans un bol d'eau glacée et hacher le zeste des citrons.
- Porter à ébullition les 20 cl de sirop réservé, puis faire chauffer à feu doux et ajouter le jus et le zeste des citrons ainsi que le sucre. Ajouter le basilic citron et le thym citron, puis les laisser infuser pendant 4 à 5 min. Incorporer les feuilles de gélatine essorées et mélanger pour les dissoudre. Filtrer et faire prendre la gelée au réfrigérateur pendant environ 3 h.

LA FINITION

- Napper chaque assiette froide de jus de fraise des bois, puis disposer les pêches et un peu de gelée citron-basilic.

BON À SAVOIR
Vous trouverez le basilic citron (voir photo ci-dessus), la verveine citron et le thym citron dans les jardins ou chez un maraîcher.

VARIANTE
Vous pouvez remplacer les fraises des bois par des framboises ou des mûres sauvages.

SOUPE DE CHÂTAIGNES-COCO-DATTES MARINÉES

Pour 6 personnes
Préparation : 20 min
Marinade au frais : 3 h
Cuisson totale : 20 min

180 g de marrons glacés

Pour la soupe de châtaignes
250 g de châtaignes sous vide
4 gousses de vanille
15 cl de lait concentré
60 cl de lait de coco

Pour les dattes marinées
200 g de dattes medjool
2 bâtons de cannelle
1 tige de citronnelle
37,5 cl de vin de noix

LA SOUPE DE CHÂTAIGNES

☞ Fendre les gousses de vanille dans la longueur, puis les gratter à l'aide de la pointe d'un couteau et récupérer les graines. Concasser les châtaignes.

☞ Dans une casserole, mélanger les châtaignes, la vanille, le lait concentré et le lait de coco. Porter à ébullition, puis faire cuire doucement pendant 15 min. Mixer et filtrer, puis réserver au réfrigérateur.

LES DATTES MARINÉES

☞ Dénoyauter les dattes, les couper en quatre et les ranger dans un plat. Enlever la première feuille et l'extrémité dures de la tige de citronnelle, la couper en deux dans la longueur.

☞ Faire bouillir le vin de noix avec la citronnelle et la cannelle, puis faire flamber le vin de noix. Le faire réduire de moitié et le verser sur les dattes. Laisser mariner au réfrigérateur pendant 3 h.

☞ Prélever la moitié du jus de la marinade et le faire réduire jusqu'à obtenir une consistance sirupeuse. Réserver.

LA FINITION

☞ Couper en petits morceaux les marrons glacés.

☞ Dans chaque assiette creuse, disposer les dattes et verser la soupe de châtaignes. Disposer les brisures de marrons glacés et arroser d'un trait de vin de noix réduit.

BON À SAVOIR
Vous trouverez les dattes medjool dans les épiceries orientales et le vin de noix dans les grandes surfaces. Les dattes medjool (les meilleures, à mon goût) sont très moelleuses.

VARIANTE
Vous pouvez ajouter aux dattes des dés de poires ou de coings pochés.

CAPPUCCINO MANGUES-COCO, ÉMULSION PASSION

Pour 6 personnes
Préparation : 20 min
Cuisson totale : 25 min

Pour la soupe de mangues
1 kg de mangues jaunes (de préférence thaïes)
15 cl de jus de fruit de la passion
3 tiges de citronnelle
25 cl de jus de coco
100 g de sucre en poudre

Pour l'émulsion passion
25 cl de jus de fruit de la passion
150 g de mascarpone
10 cl de crème liquide
2 gousses de vanille
2 tiges de citronnelle
150 g de sucre en poudre
60 g de sucre glace

Pour la finition
6 boules de glace à la noix de coco
3 tiges de citronnelle

LA SOUPE DE MANGUES

⊛ Éplucher les mangues, enlever le noyau et couper la chair en morceaux. Enlever la première feuille et l'extrémité dures des tiges de citronnelle, les couper en deux dans la longueur, puis les émincer très finement.

⊛ Mixer la mangue avec le jus de fruit de la passion, le jus de coco, le sucre et la citronnelle. Filtrer et réserver au réfrigérateur.

L'ÉMULSION PASSION

⊛ Fendre les gousses de vanille dans la longueur, puis les gratter à l'aide de la pointe d'un couteau et récupérer les graines. Enlever la première feuille et l'extrémité dures des tiges de citronnelle, puis les couper en deux dans la longueur.

⊛ Dans une casserole, porter à ébullition le jus de fruit de la passion et le faire cuire à feu doux pendant 20 min avec le sucre en poudre, la vanille et la citronnelle. Réserver ce sirop au réfrigérateur.

⊛ Fouetter le mascarpone et la crème liquide jusqu'à obtenir une consistance onctueuse. Ajouter 25 cl de sirop froid et le sucre glace. Bien mélanger pour garder ce mélange onctueux. Réserver au réfrigérateur.

LA FINITION

⊛ Dans des verres assez larges, verser la soupe de mangues, l'émulsion passion et déposer 1 boule de glace à la noix de coco. Terminer en glissant dans chaque verre des petits bâtonnets de citronnelle taillés dans les tiges.

BON À SAVOIR
Pour les mangues jaunes, voir p. 121.

Le jus de coco s'achète en petits paquets surgelés dans les épiceries asiatiques.

VARIANTE
Vous pouvez décliner cette recette avec de nombreux fruits (fraises, pommes, pêches, etc.)

MILK-SHAKE FRAISES-COCO-VANILLE

Pour 6 personnes
Préparation : 10 min
Repos au frais : 2 h

500 g de fraises Mara des bois
1 citron (jus)
2 gousses de vanille
2 tiges de citronnelle
100 g de sucre en poudre
400 g de glace à la noix de coco

❂ Équeuter les fraises et les couper en morceaux. Fendre les gousses de vanille dans la longueur, puis les gratter à l'aide de la pointe d'un couteau et récupérer les graines. Enlever la première feuille et l'extrémité dures des tiges de citronnelle, les couper en deux dans la longueur, puis les émincer très finement.

❂ Mixer les fraises, les graines de vanille, la citronnelle, le sucre et le jus du citron. Filtrer et mixer avec la glace à la noix de coco. Réserver au réfrigérateur pendant 2 h avant de servir.

BON À SAVOIR
Pour la citronnelle, voir p. 58 et photo p. 82

VARIANTE
Vous pouvez décliner ce milk-shake avec tous les fruits rouges.

FIGUES RÔTIES, JUS DE RAISIN-CITRONNELLE

Pour 6 personnes
Préparation : 20 min
Cuisson totale : 30 min

Pour les figues rôties
12 figues
60 g de beurre
2 gousses de vanille
2 tiges de citronnelle
70 g de sucre en poudre

Pour le jus de raisin-citronnelle
600 g de raisin noir (muscat)
1 citron (jus)
2 tiges de citronnelle
80 g de sucre en poudre

BON À SAVOIR
Pour la citronnelle, voir p. 58
et photo p. 82

Réalisez cette recette de préférence
en septembre ou en octobre pour
bénéficier de fruits plus goûteux.

VARIANTE
Vous pouvez faire rôtir les figues avec
du jus de framboise (environ 10 cl).

LES FIGUES RÔTIES

⦿ Préchauffer le four à 150 °C (th. 5).

⦿ Couper les figues en deux dans la longueur et les disposer dans un plat à gratin côté chair vers le haut. Placer 5 g de beurre sur chaque figue et les saupoudrer de sucre.

⦿ Enlever la première feuille et l'extrémité dures des tiges de citronnelle, les couper en quatre. Fendre les gousses de vanille et les couper en quatre. Répartir la citronnelle et la vanille sur les figues. Ajouter 3 ou 4 cuil. à soupe d'eau.

⦿ Enfourner pour 15 à 20 min, en arrosant régulièrement avec le jus de cuisson des figues. Laisser tiédir. Récupérer le jus, gratter les gousses de vanille et les retirer. Mixer le jus et le filtrer.

LE JUS DE RAISIN-CITRONNELLE

⦿ Égrapper le raisin, mixer les grains, puis filtrer. Enlever la première feuille et l'extrémité dures des tiges de citronnelle, les couper en deux dans la longueur, puis les émincer très finement.

⦿ Dans une casserole, porter à ébullition la pulpe de raisin avec la citronnelle, le sucre et le jus du citron. Laisser réduire pendant 10 min à feu doux. Mixer, filtrer et réserver.

LA FINITION

⦿ Sur chaque assiette, répartir le jus de raisin, puis les figues et le jus de cuisson des figues tièdes.

MOELLEUX RHUBARBE-GINGEMBRE, JUS DE FRAISE

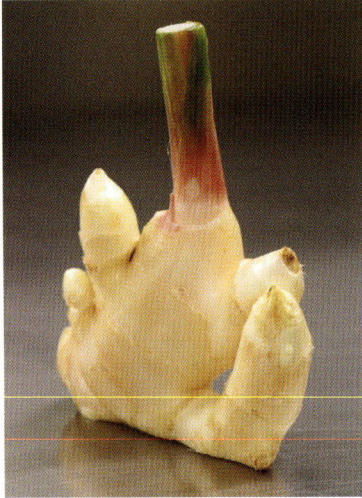

Pour 6 personnes
Préparation : 20 min
Macération : 3 h
Cuisson totale : 1 h 15

Pour l'appareil à moelleux
4 blancs d'œufs
140 g de beurre
55 g de farine
105 g de sucre en poudre
75 g de poudre d'amande

Pour la marmelade de rhubarbe
375 g de rhubarbe
45 g de gingembre frais
135 g de sucre en poudre

Pour le jus de fraise
225 g de fraises bien sucrées
1/2 citron (jus)
1 tige de citronnelle
50 g de sucre en poudre

LA MARMELADE DE RHUBARBE

◉ Éplucher la rhubarbe, la couper en tronçons d'environ 2 ou 3 cm de long. Éplucher le gingembre et le tailler en très fines lamelles.

◉ Laisser macérer la rhubarbe et le gingembre avec le sucre pendant 3 h.

◉ Égoutter la rhubarbe et le gingembre et réserver le jus. Porter le jus à ébullition, le laisser réduire de moitié et ajouter la rhubarbe et le gingembre. Faire cuire doucement à feu doux pendant 20 min pour obtenir une belle marmelade. Réserver au réfrigérateur.

LES MOELLEUX

◉ Préchauffer le four à 120 °C (th. 4).

◉ Dans un grand saladier, mélanger la poudre d'amande, la farine, le sucre et les blancs d'œufs légèrement fouettés.

◉ Dans une poêle chaude, faire chauffer le beurre jusqu'à ce qu'il blondisse (beurre noisette), puis le laisser tiédir hors du feu. Incorporer alors dans le mélange précédent. Verser cet appareil dans des moules individuels et répartir la marmelade de rhubarbe au milieu de chacun d'eux.

◉ Faire cuire au four à 160 °C (th. 5-6) pendant 20 min. Laisser tiédir, puis démouler. Réserver sur une grille.

LE JUS DE FRAISE

◉ Enlever la première feuille et l'extrémité dures de la tige de citronnelle, la couper en deux dans la longueur, puis l'émincer très finement. Couper les fraises en morceaux.

◉ Faire bouillir les fraises, le sucre, la citronnelle et le jus du citron, puis laisser réduire pendant 15 min à feu doux. Mixer et filtrer. Réserver au réfrigérateur.

LA FINITION

◉ Dans chaque assiette, déposer 1 cuil. à soupe de marmelade de rhubarbe, 1 moelleux et verser le jus de fraise à côté.

BON À SAVOIR
Il est important de faire macérer la rhubarbe avec le sucre avant de la cuire. Elle gardera ainsi sa fraîcheur.

VARIANTE
Pour le jus de fraise, vous pouvez mélanger les fraises avec des fraises des bois et des framboises.

CLAFOUTIS MIRABELLES-GINGEMBRE CONFIT, COULIS DE MIRABELLE

Pour 6 personnes
Préparation : 20 min
Dégorgement : 3 h
Cuisson totale : 1 h 15

1 citron (jus)

Pour la marmelade de mirabelles
1 kg de mirabelles ou reines-claudes
2 citrons (jus)
1 gousse de vanille
2 tiges de citronnelle
300 g de sucre en poudre

Pour le gingembre confit
150 g de gingembre frais
100 g de sucre en poudre

Pour l'appareil à clafoutis
3 œufs
200 g de beurre pommade
200 g de sucre en poudre
200 g de poudre d'amande

LA MARMELADE DE MIRABELLES

⊛ Dénoyauter les mirabelles et les laisser dégorger avec le sucre et le jus des citrons pendant 3 h. Fendre la gousse de vanille dans la longueur, puis la gratter à l'aide de la pointe d'un couteau et récupérer les graines. Enlever la première feuille et l'extrémité dures des tiges de citronnelle, puis les couper en deux dans la longueur.

⊛ Dans une grande casserole, porter à ébullition le jus des mirabelles et le faire réduire. Ajouter les mirabelles, la vanille et la citronnelle et faire cuire à feu doux et à couvert pendant environ 30 min jusqu'à obtenir une marmelade. Réserver.

LE GINGEMBRE CONFIT

⊛ Peler et hacher le gingembre.

⊛ Dans une casserole, le faire cuire avec le sucre et 20 cl d'eau. Porter à ébullition, puis poursuivre la cuisson à feu doux pendant 20 min. Laisser refroidir. Réserver le jus de cuisson pour le jus de mirabelle.

LE JUS DE MIRABELLE

⊛ Mixer 1/4 de la marmelade de mirabelles et 1/4 du gingembre confit avec le jus du citron et les tiges de citronnelle qui ont servi à la cuisson des mirabelles. Rectifier la texture avec le jus de cuisson du gingembre jusqu'à obtenir un coulis. Filtrer.

LES CLAFOUTIS

⊛ Dans un saladier, mélanger le sucre, la poudre d'amande, les œufs et le beurre pommade. Verser l'appareil à clafoutis dans des moules individuels, puis répartir la marmelade et le gingembre confit haché.

⊛ Faire cuire au four à 150 °C (th. 5) pendant 20 min.

⊛ Laisser refroidir les clafoutis avant de les démouler. Les servir tiède avec le coulis de mirabelle.

> **BON À SAVOIR**
> Mélangez bien les mirabelles avec le sucre et le jus des citrons pour éviter l'oxydation des fruits (noircissement).

Les introuvables

SOUPE GLACÉE DE TOMATES ANANAS, ORMEAUX ET CITRONS CAVIAR

Pour 4 personnes
À préparer la veille
Préparation : 20 min
Repos au frais : 1 h / 24 h
(pour l'ormeau)
Cuisson totale : 5 min

Pour la soupe glacée de tomates ananas
300 g de tomates ananas
2 tiges de citronnelle
3 cl d'huile d'olive
2 cl de vinaigre de riz
Sel de céleri

Pour la garniture et la finition
2 ormeaux
2 citrons caviar
1/2 citron (jus)
2 brins de coriandre (feuilles)
3 brins de basilic thaï (feuilles)
8 cuil. à soupe d'huile d'olive
Sel, poivre du moulin

BON À SAVOIR

Le citron caviar peut être de différentes couleurs (vert, jaune, orange, rouge, pourpre, noir ou marron). Il a un goût de citron acide avec une légère note de pamplemousse. Il doit son nom à sa pulpe formée de grains rappelant le caviar.

L'ormeau est un coquillage, rare sur les marchés, très cher et difficile à préparer, mais au goût extraordinaire.

La tomate ananas est une variété de tomate de couleur jaune-ananas très charnue et très goûteuse.

VARIANTE

Vous pouvez réaliser cette recette avec des couteaux ou des moules de bouchot (la saison débute vers la fin du mois de juin).

LES ORMEAUX

◉ **La veille,** décoller les ormeaux de leur coquillage à l'aide d'une cuillère en inox. Retirer délicatement les foies et les nettoyer avec une petite brosse. Les réserver sur un torchon propre au réfrigérateur.

◉ **Le jour même,** commencer à les battre pour les attendrir. Renouveler l'opération deux ou trois fois sur 3 heures.

LA SOUPE GLACÉE DE TOMATES ANANAS

◉ Couper les tomates en morceaux. Enlever la première feuille et l'extrémité dures des tiges de citronnelle, les couper en deux dans la longueur, puis les émincer très finement.

◉ Mixer le tout avec le vinaigre de riz et l'huile d'olive. Assaisonner avec le sel de céleri. Filtrer et réserver au réfrigérateur.

LES CITRONS CAVIAR

◉ Couper les citrons caviar en deux dans la longueur, les épépiner, puis enlever délicatement la chair à l'aide de la pointe du couteau. Dans un petit bol, les mélanger avec 6 cuil. à soupe d'huile d'olive et le jus du 1/2 citron.

LA FINITION

◉ Émincer très finement les ormeaux, le basilic thaï et la coriandre.

◉ Dans une poêle très chaude, les faire sauter à l'huile d'olive restante. Les placer dans un saladier et ajouter la coriandre et le basilic thaï. Assaisonner.

◉ Dans chaque assiette creuse, répartir les ormeaux sautés et disposer par-dessus 1 cuil. à café de citron caviar. Verser la soupe glacée de tomates ananas et arroser d'un filet d'huile d'olive.

Les introuvables

SALADE DE MAIN DE BOUDDHA, CRABE ET PAPAYE

Pour 4 personnes
Préparation : 30 min
Cuisson totale : 25 min

160 g chair de crabe
1 petite main de Bouddha ou 1 cédrat
1 papaye verte
2 brins de coriandre (feuilles)
5 feuilles de basilic thaï
40 g de gingembre frais
1 tige de citronnelle
Quelques lamelles de gingembre mariné (voir recette p. 19)
5 cl vinaigre de riz
5 cl de mirin
8 cuil. à soupe d'huile d'olive très fruitée
Sel de céleri

- Enlever la première feuille et l'extrémité dures de la tige de citronnelle, la couper en deux dans la longueur, puis l'émincer très finement. Peler le gingembre. À l'aide d'une mandoline, couper quelques lamelles de main de Bouddha et de gingembre de 1 à 2 mm d'épaisseur. Réserver quelques petites feuilles de basilic thaï. Éplucher et couper la papaye verte en fines lanières.
- Porter à ébullition le vinaigre de riz et le mirin, puis le verser sur la main de Bouddha et le gingembre. Laisser refroidir.
- Émietter la chair de crabe et l'assaisonner avec 3 cuil. à soupe d'huile d'olive, la coriandre, le basilic thaï et le sel de céleri.
- Mixer la citronnelle avec 5 cl du jus de la marinade, 5 cuil. à soupe d'huile d'olive et le gingembre mariné. Filtrer ce jus et réserver au réfrigérateur.

LA FINITION
- À l'aide d'un emporte-pièce, disposer 20 g de chair de crabe assaisonnée, placer dessus 1 cuil. à café de papaye verte et de gingembre et couvrir de lamelles de main de Bouddha. Napper avec le jus et répartir les petites feuilles de basilic thaï.

BON À SAVOIR
La main de Bouddha est un agrume aromatique divisé en sections ressemblant à des doigts, qui pousse sur un buisson ou un petit arbre, aux longues branches parsemées d'épines. Sa chair blanche n'est pas amère contrairement à celle des autres agrumes. On peut ainsi la consommer, finement tranchée ou râpée, dans des salades ou parsemée notamment sur des poissons.

La papaye verte ressemble un peu à la mangue verte (voir photo p. 19) tant visuellement que gustativement.

VARIANTE
Pour un repas de fête, remplacez la chair de crabe par du homard.

Les introuvables

BURRATA AUX HERBES ET AUX LÉGUMES CROQUANTS

Pour 4 personnes
Préparation : 30 min
Repos au frais : 30 min
Cuisson totale : 10 min

Pour la burrata aux herbes

2 burrata

3 brins de coriandre chinoise

3 tiges de cive chinoise

3 brins de basilic thaï (feuilles)

Huile d'olive

Sel de céleri

Pour les légumes

4 asperges vertes

4 mini-carottes

1 gros radis *red meat* ou 8 radis ronds rouges

30 g de mizuna

2 cuil. à soupe de mélange de pousses et
fleurs d'herbes (estragon, fleurs d'herbe,
aneth, pourpier, etc.)

1 tige de citronnelle

5 cuil. à soupe d'huile d'olive

Sel de céleri

Sel, poivre du moulin

BON À SAVOIR

La burrata di Corato, fromage très
populaire des Pouilles, se présente
enveloppée dans des feuilles de jonc
vertes tressées formant une sorte de
panier entourant un sachet de pâte
filée. Autrefois, elle était confectionnée
avec du lait de bufflonne, mais
aujourd'hui celui-ci est mélangé au lait
de vache ou est entièrement fait de
lait de vache. On peut la consommer
fraîche avec du sel et du poivre
ou la laisser mûrir pour l'utiliser
comme de la mozzarella.

VARIANTE

À défaut de burrata, mélanger 2 petites
boules de mozzarella di buffala
avec 40 g de mascarpone, 40 g
de gorgonzola et 2 ou 3 cuil. à soupe
de crème fraîche liquide.

LA BURRATA AUX HERBES

⦿ Séparer l'enveloppe (plus ferme) des burrata du cœur (crémeux).
Émincer finement la coriandre chinoise, la cive chinoise et les
feuilles de basilic thaï. Dans un saladier, mélanger les burrata (en
écrasant bien l'enveloppe) et les herbes. Assaisonner avec l'huile
d'olive et le sel de céleri.

LES LÉGUMES

⦿ Enlever la première feuille et l'extrémité dures de la tige de citronnelle, puis la couper en deux dans la longueur. À l'aide d'un
couteau économe, éplucher les asperges en enlevant bien les petits « picots ». Tailler les pointes à 2 cm et émincer les queues en
morceaux de 3 à 4 mm d'épaisseur.

⦿ Dans une poêle, faire chauffer 2 cuil. à soupe d'huile d'olive et y
faire suer la citronnelle et les asperges. Faire cuire à feu doux et à
couvert pendant 2 à 3 min. Les asperges doivent être tendres et
croquantes. Assaisonner. Réserver.

⦿ Bien laver les mini-carottes et le radis. Couper en fines tranches le
radis et tailler en biseaux (de la taille des tranches de radis) les
mini-carottes.

⦿ Assaisonner avec 2 cuil. à soupe d'huile d'olive et le sel de céleri
les légumes, le mélange de pousses et de fleurs d'herbes et la
mizuna.

LA FINITION

⦿ Dans chaque assiette creuse, disposer au centre la burrata, plan-
ter dans le fromage les légumes croquants (carottes, radis et asperges) et parsemer de pousses d'herbes et de mizuna. Arroser
d'un filet d'huile d'olive.

Les introuvables

BŒUF WAGYU MARINÉ GRILLÉ, CONDIMENT PIMENT-RAIFORT

Pour 6 personnes
Préparation : 30 min
Congélation : 40 min
Cuisson totale : 10 min

Pour le bœuf wagyu
350 g de filet de bœuf wagyu ou faux-filet
1 citron (jus)
2 pincées de piment d'Espelette
8 cuil. à soupe d'huile d'olive
Fleur de sel
Poivre du moulin

Pour les légumes
6 artichauts poivrade à l'huile d'olive
300 g de fèves
6 oignons fanes
2 piments doux de couleurs
4 tiges de basilic thaï (feuilles)
4 brins de coriandre (feuilles)
60 g de gingembre mariné (voir recette p. 19)
1 cuil. à soupe d'huile d'olive
Sel

Pour les tempuras
4 fleurs de courgettes bien ouvertes
100 g de farine pour tempuras
16 cl d'eau glacée

Pour le condiment piment-raifort
3 citrons (jus)
40 g gelée de piment d'Espelette
30 g de pâte de raifort
4 cl d'huile de sésame
6 cl de vinaigre balsamique blanc

LE BŒUF WAGYU

❀ Dans une poêle bien chaude, faire chauffer à feu vif 4 cuil. à soupe d'huile d'olive et faire colorer le bœuf sur chaque face pendant 30 sec. Hors du feu, assaisonner avec la fleur de sel et le piment d'Espelette. Envelopper et serrer dans une feuille de film étirable et placer 40 min au congélateur.

LES LÉGUMES

❀ Écosser et plonger les fèves dans de l'eau bouillante salée pendant 30 sec, puis les rafraîchir aussitôt dans de l'eau glacée. Enlever la peau des fèves et les réserver au réfrigérateur. Écosser et couper les oignons fanes en deux. Tailler les piments doux en rouelles de 5 mm et les épépiner.

❀ Préparer les tempuras de fleurs de courgettes : voir recette p. 76.

❀ Dans une poêle, faire chauffer l'huile d'olive et faire griller rapidement le piment doux et les oignons fanes.

LE CONDIMENT PIMENT-RAIFORT

❀ Mélanger tous les ingrédients et mixer.

LA FINITION

❀ Couper le bœuf en fines tranches d'environ 3 mm et les disposer en rosace, comme pour un carpaccio, sur chaque assiette. Mélanger l'huile d'olive restante avec le jus du citron et en badigeonner toutes les tranches de bœuf. Assaisonner.

❀ Disposer tous les légumes, le basilic, la coriandre et le gingembre sur le bœuf. Assaisonner avec le condiment piment-raifort.

> **BON À SAVOIR**
> Pour les fleurs de courgettes et le vinaigre balsamique blanc, voir p. 76 et 82.
>
> *Wagyu* signifie «bœuf japonais». Il est surtout connu sous le nom de *Kobe*, une appellation qui correspond à une race et à un mode d'élevage très strict qui justifie le prix sept fois supérieur à celui du bœuf européen. Développé à Kobe, il consiste à surveiller très attentivement l'alimentation des bœufs, mais aussi à les masser au saké et à introduire de la bière dans leur nourriture. On commence à en trouver en France. Il a une fibre de viande très persillée et très goûteuse.

INDEX PAR RECETTE

Les recettes suivies de ⊛ sont des condiments, sauces, jus... que vous pouvez associer à d'autres mets de votre choix.

INDEX PAR PRODUITS PRINCIPAUX

MON CARNET D'ADRESSES

Vous trouverez la grande majorité des produits utilisés dans les recettes dans les épiceries spécialisées (asiatiques, italiennes, etc.) ou dans les rayons exotiques de la plupart des grandes surfaces. La fine fleur des producteurs ou fournisseurs vendent désormais aux particuliers leurs produits sur Internet. Où que vous soyez, vous pourrez donc vous les procurer sans difficulté.

AGRUMES

MICHEL BACHES

Pour visiter la pépinière ou acheter au détail sur place (mercredi et jeudi de 9 h à 18 h ou sur rendez-vous) :
Mas Bachès – 66500 Eus
04 68 96 42 91 – bachesbene@aol.com
www.agrumes-baches.com (livraisons à domicile)
Michel Bachès est tout simplement le magicien des agrumes (cédrats, kumquats, yuzu, mains de Bouddha...). Le paradis où trouver l'introuvable !

LÉGUMES

JOËL THIÉBAULT

Les marchés : une occasion de rencontrer Joël Thiébault
◉ le mercredi et le samedi : avenue du Président-Wilson – 75016 Paris ;
◉ le mardi et le vendredi : rue Gros – 75016 Paris.
www.joelthiebault.free.fr (livraisons à domicile)
www.lehautdupanier.com (Le haut du panier livre des produits de plusieurs fournisseurs.)
Pour commander par téléphone : 01 44 24 05 77
joel.thiebault@wanadoo.fr
Ma complicité avec ce maraîcher qui a égayé la cuisine remonte à plus de huit années.

PIMENTS D'ESPELETTE (GELÉES, CONFITURES...)

LA MAISON DU PIMENT

www.lamaisondupiment.com (livraisons à domicile)
contact@lamaisondupiment.com
J'y déniche notamment mes gelées et confitures de piment d'Espelette qui composent quelques-uns de mes condiments.

PRODUITS FRAIS ASIATIQUES

BIGSTORE

Magasin : 81, avenue d'Ivry – 75013 Paris
01 44 24 28 88
www.bigstoreparis.com (livraisons à domicile)

WA SENG (l'épicerie de Bigstore)

Magasin : 18, boulevard Garibaldi – 75015 Paris
01 47 34 39 13

EXOSTORE

Magasin : 52, avenue de Choisy – 75013 Paris
01 44 24 99 88

C'est dans ces magasins que j'ai complété ma connaissance livresque des produits asiatiques par une découverte « en direct » de ces fruits et légumes, aujourd'hui essentiels à ma cuisine.

SUPERMARCHÉS ASIATIQUES

PARIS STORE

Magasins : vous trouverez toutes les adresses sur
www.paris-store.com
Paris Store est présent à Paris, (Xᵉ, XIIIᵉ, XVIIIᵉ, XIXᵉ), en Île-de-France (Aulnay, Bussy, Choisy-le-Roi, Lognes, Noisiel) et en province (Blois, Marseille, Montpellier, Strasbourg, Toulouse, Tours, Vénissieux, Wolfisheim).

TANG FRERES

Magasins :
◉ 44 et 48, avenue d'Ivry – 75013 Paris – 01 45 70 80 00
◉ 168, avenue de Choisy – 75013 Paris - 01 44 24 06 72
◉ 41, rue Labrouste - 75015 Paris - 01 56 08 00 21
◉ 5-7, place des Libertés-Publiques – 77185 Lognes - 01 60 17 67 53
◉ 8, rue Nicolas-Appert – 77185 Lognes – 01 64 62 98 88
◉ 15, cours des Deux-Parcs – 77186 Noisiel - 01 60 05 13 35
◉ 163-169, boulevard de Stalingrad – 94400 Vitry-sur-Seine – 01 49 60 19 60
Ces deux grandes surfaces spécialisées ont contribué à rendre accessible une large gamme de produits asiatiques.

PRODUITS JAPONAIS

WORKSHOP ISSE

Magasin : 11, rue Saint-Augustin – 75002 Paris –
01 42 96 26 74 – workshop@ksm.fr
www.workshop-isse.fr (livraisons à domicile)
Vous trouverez ici le must des produits d'épicerie japonais.

PRODUITS ITALIENS

QUALITALIA

www.qualitalia.fr (livraisons à domicile)
Pour commander le catalogue papier : 01 47 07 11 44
qualitalia@qualitalia.fr
Vous pourrez y dénicher crème d'artichaut, vinaigres, moutardes diverses, etc., de grande qualité. Une référence. Attention : certains produits ne sont présents que sur le catalogue papier.

CRÉDITS ET REMERCIEMENTS

Je souhaite remercier particulièrement Claude Lebey, l'initiateur de ce projet, qui m'a permis d'exprimer librement ma conception de la cuisine.

Merci également à Catherine Bonifassi, Bénédicte Bortoli, Gaëlle Bommert, Éric Laignel, François-Régis Gaudry et Ju Hyun Sun (stylisme) pour avoir donné corps et esthétique à ce livre. Merci aussi à Emmanuelle Wittman (vaisselle), à mes amis Joël Thiébault et Michel Bachès pour leurs produits merveilleux, essentiels à ma cuisine, ainsi qu'à toute mon équipe pour sa généreuse et précieuse collaboration.
Merci à Marie-Christine, mon épouse, pour son précieux soutien et sa patience permanente.

Je remercie également les personnes et sociétés qui ont bien voulu prêter du matériel ou offrir des ingrédients pour la réalisation des photos :
Alessi www.alessi.com ◉ **Astier de Villatte** www.astierdevillatte.com ◉ **Aurelia Paradis** (pour les marques **Raynauld**, **Rosenthal**, **JL Cocquet**) ◉ **Luminarc** www.luminarc.com ◉ **Muji** www.muji.fr ◉ **Revol** www.revol-porcelaine.fr ◉ **SD Trading** www.sdtrading.eu ◉ **Tsé & Tsé** www.tse-tse.com

Réalisation éditoriale : Bénédicte Bortoli

Direction artistique et conception graphique :

CASSI EDITION

Catherine Bonifassi, Sabrina Regoui

Achevé d'imprimer en France par Pollina

Éditions Albin Michel
22, rue Huyghens 75014 Paris
www.albin-michel.fr

ISBN : 978-2-226-19536-4
N° d'édition : 19264 – N° d'impression : L54948
Dépôt légal : octobre 2010
Imprimé en France